अमृता प्रीतम

अमृता प्रीतम का जन्म 31 अगस्त, 1919 को गुजराँवाला, पंजाब में हुआ। बचपन और शिक्षा लाहौर में। बँटवारे से पहले लाहौर से प्रकाशित होनेवाली मासिक पत्रिका 'नई दुनिया' का सम्पादन किया, फिर 'नागमणि' नामक पंजाबी मासिक निकाला। कुछ दिनों तक आकाशवाणी, दिल्ली से सम्बद्ध रहीं।

तीन दर्जन से अधिक पुस्तकें मूल पंजाबी में प्रकाशित, जिनमें से दो-तीन को छोड़कर प्राय: सभी पुस्तकों के हिन्दी अनुवाद। कुछ अन्य भारतीय भाषाओं के अतिरिक्त रूसी, जर्मन आदि यूरोपीय भाषाओं में भी रचनाएँ अनूदित।

उनकी प्रकाशित पुस्तकें हैं—'धूप का टुकड़ा', 'काग़ज़ और कैनवस' (कविता-संग्रह); 'रसीदी टिकट', 'दस्तावेज़' (आत्मकथा); 'डॉक्टर देव', 'पिंजर', 'घोंसला', 'एक सवाल', 'बुलावा', 'बन्द दरवाज़ा', 'रंग का पत्ता', 'एक थी अनीता', 'धरती, सागर और सीपियाँ', 'दिल्ली की गलियाँ', 'जलावतन', 'जेबकतरे', 'पक्की हवेली', 'आग की लकीर', 'कोई नहीं जानता', 'यह सच है', 'एक ख़ाली जगह', 'तेरहवाँ सूरज', 'उनचास दिन', 'कोरे काग़ज़', 'हरदत्त का ज़िन्दगीनामा' (उपन्यास); 'अन्तिम पत्र', 'लाल मिर्च', 'एक लड़की एक जाम', 'हीरे की कनी', 'पाँच बरस लम्बी सड़क', 'एक शहर की मौत', 'तीसरी औरत', 'यह कहानी नहीं', 'अक्षरों की छाया में' (कहानी)।

उन्हें 'साहित्य अकादेमी पुरस्कार' और 'ज्ञानपीठ पुरस्कार' से सम्मानित किया गया।

31 अक्टूबर, 2005 को उनका निधन हुआ।

धूप का टुकड़ा

अमृता प्रीतम

अनुवाद
देबिन्दर

राजकमल पेपरबैक्स

पहला पुस्तकालय संस्करण
राजकमल प्रकाशन प्राइवेट लिमिटेड द्वारा
1966 में प्रकाशित

राजकमल पेपरबैक्स में
पहला संस्करण : 2023

राजकमल पेपरबैक्स : उत्कृष्ट साहित्य के जनसुलभ संस्करण

राजकमल प्रकाशन प्रा. लि.
1-बी, नेताजी सुभाष मार्ग, दरियागंज
नई दिल्ली-110 002
द्वारा प्रकाशित

शाखाएँ : अशोक राजपथ, साइंस कॉलेज के सामने, पटना-800 006
पहली मंजिल, दरबारी बिल्डिंग, महात्मा गांधी मार्ग, प्रयागराज-211 001
1, अनमोल सोराबजी सन्तुक लेन, धोबी तलाव, मरीन लाइंस, मुम्बई-400 002
वेबसाइट : www.rajkamalprakashan.com
ई-मेल : info@rajkamalprakashan.com

बी.के. ऑफसेट
नवीन शाहदरा, दिल्ली-110 032
द्वारा मुद्रित

मूल्य : ₹299

DHOOP KA TUKDA
Poems by Amrita Pritam
Translated by Debinder

ISBN : 978-81-19835-81-2

भूमिका

अमृता प्रीतम की कविताओं में रमना, हृदय में कसकती व्यथा का घाव लेकर, प्रेम और सौन्दर्य की धूपछाँह वीथी में विचरने के समान है, जहाँ वियोग तथा अतृप्ति के तीख़े, नुकीले काँटे भावना के सुकुमार चरणों को, प्रेम के चंचल निर्मम स्वभाव के कारण, क्षत-विक्षत करते रहते हैं। ऐसी गहरी, दर्द में डूबी, प्राणिक संवेदनाओं के गीत कम ही देखने को मिलते हैं। यौवन की गोपन आकांक्षा धरती की रज पर उतरना चाहती है और उसका प्रत्येक कण, जाने नियति के किस विधान से, चिनगारी बनकर, अबोध हृदय में उगे प्रणय-तिनकों के स्वप्न-नीड़ को राख कर देता है। जिस प्रकार कोयल और चातक प्रेम के पक्षी हैं, उसी प्रकार अमृताजी भी मुख्यतः प्रणय तथा राग भावना की अनन्य गायिका हैं जिन्हें ग्रीक कवयित्री सैफ़ो की तरह प्रबल अतृप्त यौवन-आवेश नये-नये प्रणय संवेदना में झकझोरता रहता है। वह प्रेम के वसन्त की दूत हैं और इस पृथ्वी पर जहाँ भी जाती हैं प्रेम की कभी न बुझनेवाली आग और सौन्दर्य की स्वप्न-स्पर्श लपटें बरसाती जाती हैं। भाव-स्वप्नों की सूक्ष्म काया में उनकी कविता मानवीय प्रणय-वेदना का दुःसह भार तथा जीवन यथार्थ की अदम्य पुकार सँभाले हुए युग-कर्दम तथा कटु अनुभूतियों के कंकड़-पत्थरों पर चलते, ठोकर खाते, जैसे, सौन्दर्यचेतना में नये

अधखुले क्षितिजों में मुक्त-प्राण उड़ती हुई आगे बढ़ती रहती है। उनके छोटे-छोटे तीव्र संवेदना-भरे चरण नावक के तीरों की तरह मर्म में गम्भीर घाव करते हैं। आज के कवि-समीक्षकों के शब्दों में उन्होंने छककर क्षण को भोगा एवं जीवन को जिया है और उसका अपरिहार्य व्यथा-रस अपनी कविता की अंजुलि में भर-भरकर पिया है। अमृताजी धरती के जीवन के गीत भी गाती हैं। वह युग-संघर्ष के प्रति प्रबुद्ध होने के कारण प्रगतिशील भावधारा से प्रेरित हैं। किन्तु प्रेम के प्रति एकाग्र समर्पण ही उनकी जीवन-साधना तथा आत्म-विकास का एकान्त पथ है।

शिल्प की दृष्टि से अमृताजी आधुनिक कला-बोध की कवयित्री हैं। उनके बिम्ब तथा प्रतीक उनके अत्यन्त निजी तथा अत्यन्त मौलिक हैं। उनकी भाव-प्रक्रिया इतनी काव्यमयी होती है कि उनकी छन्द-मुक्त पंक्तियाँ भी पढ़ते ही कंठस्थ हो जाती हैं, जो गुण हिन्दी की नई कविता से एकदम लुप्त होता जा रहा है। अमृताजी की बाह्य आकृति जितनी आकर्षक है अपने भीतर वह अपनी सूक्ष्म काव्य-काया में भी उतनी ही मनोरम है, ऐसा पक्षपात विधाता के यहाँ कम ही देखने को मिलता है।

उनकी कला-दृष्टि जिस वस्तु या दृश्य का भी स्पर्श करती है उसे गहरी काव्य-संवेदना की प्रक्रिया एवं उपकरणों में परिणत कर देती है। उनके लिए संसार की समस्त वस्तुएँ भावना के ढाँचे में ढली हैं। वह आकाशीय व्यापारों को भी घरेलू वातावरण में बाँधकर उन्हें हृदय के निकट ले आती हैं। धूप का छोटा-सा टुकड़ा भी नन्हे-से खोये हुए बच्चे की गरम साँस बनकर उनकी हथेली थाम लेता है। आज के बौद्धिक काव्य तथा अमूर्त कला के युग में ऐसी मूर्तामूर्त भावना-गन्धी शुद्ध कविता अन्यत्र देखने को नहीं मिलती है। प्रेम की तन्मय अनुभूति तथा सौन्दर्य के पुलक-स्पर्श से छूकर वे वर्तमान यंत्र-युग के कुरूप उपादानों को भी काव्य की गरिमा तथा सम्मोहन प्रदान कर देती हैं। वैसे तो इस संग्रह की 75 प्रतिशत पंक्तियाँ उद्धृत करने योग्य हैं, किन्तु मैं थोड़े-से

अवतरणों को यहाँ देकर अपने कथन का समर्थन करूँगा। स्मृति की प्रखर अनुभूति का एक चित्र है—

मैं दिल के कोने में बैठी हूँ
तुम्हारी याद इस तरह आई
जैसे गीली लकड़ी में से
गाढ़ा कड़ुवा धुआँ उठे

वर्ष कोयलों की तरह बिखरे हुए
कुछ बुझ गए, कुछ बुझने से रह गए।

दैनन्दिन के सजीव गृहस्थी के व्यापारों के माध्यम से कैसी अकथनीय व्यथा को अभिव्यक्ति दी गई है। 'रोज़ी' शीर्षक कविता की कुछ पंक्तियाँ हैं—

चाँद की चिमनी में से
सफ़ेद गाढ़ा धुआँ उठता है—
सपने जैसे कई भट्टियाँ हैं
हर भट्टी में आग झोंकता हुआ
मेरा इश्क़ मज़दूरी करता है।
मेरा मिलना ऐसा होता है
जैसे कोई हथेली पर
एक वक़्त की रोज़ी रख दे।

युग के छोटे-मोटे व्यापारों के भीतर से हृदय की कैसी टीस झलकती है। और भी देखिए—

रात-कुड़ी ने दावत दी
सितारों के चावल फटक कर
यह देग किसने चढ़ा दी।

कैसी घरेलू तथा साथ ही कैसी नवीन और मौलिक कल्पना है। इसी प्रकार के हलके-फुलके शब्दों में इस प्रणय-व्यथा की चितेरी ने अनेक हृदयस्पर्शी चित्र अंकित किये हैं—

चाँद ने रात के बालों में
जैसे फूल टाँक दिया।

नींद के होंठों से जैसे
सपने की महक आती है।

आज तारों ने फिर कहा
उम्र के महल में अब भी
हुस्न के दीये जल रहे हैं
तू नहीं आया!

अथवा

जिसने अँधेरे के अलावा कभी कुछ नहीं बुना
वह मुहब्बत आज किरनें बुनकर दे गईं।

ऐसी अनेक कवित्वमयी मर्मस्पर्शिनी पंक्तियाँ इन कविताओं में बिखरी पड़ी हैं जो या तो प्रेम-व्यथा से कराहती हैं या भाव-सौन्दर्य से रोमांचित-सी लगती हैं। कवयित्री के ही शब्दों में—

उम्र के काग़ज़ पर
तेरे इश्क़ ने अँगूठा लगाया
हिसाब कौन चुकाएगा

अमृताजी की यथार्थ-बोध से प्रेरित कविताएँ भी उनकी प्रणय-गीतियों की तरह ही सशक्त तथा हृदय को छूनेवाली होती हैं—

लाश को एक लाश की भूख होती है
लाश की कोख बाँझ नहीं होती!

और मेरी लाश की छाती से
दूध की एक बूँद टपक पड़ती है।

अथवा

दुनिया की रोशनी से
सदियाँ शिकवा करती हैं
इस मुहब्बत के मौसम में
तुमने नफ़रत को कैसे बो दिया।

अथवा

अन्नदाता।
मेरी ज़बान और इनकार?
यह कैसे हो सकता है
हाँ,...प्यार...
यह तेरे मतलब की शै नहीं।

अथवा

अब मैं शायद सारी उम्र
जिस्मों के कीचड़ में हाथ डाल
ढूँढूँगा इसी इश्क़ को
वर्जित-अवर्जित महक को
ढूँढूँगा इसी गन्ध को।

अथवा

अस्पताल के दरवाज़े पर
हक़, सच, ईमान और क़दरें
जाने कितने ही लफ़्ज़ बीमार पड़े हैं।

युग-जीवन के यथार्थ का इससे सच्चा तथा समव्यथापूर्ण चित्रण और क्या हो सकता है! वास्तव में अमृताजी की कविता के लिए

भूमिका की आवश्यकता नहीं है। उनके काव्य-चरण अनेक भावनाओं तथा यथार्थ की भूमिकाएँ पार करते हुए अपनी ही अनुभूतिजनित अतिशयता, आवेग तथा गहराई में हृदय में स्वतः अंकित हो जाते हैं। वह कहती हैं—

मेरे इश्क़ के ज़ख़्म
तेरी याद ने सिये थे
आज मैंने टाँके खोलकर
वह धागा तुझे लौटा दिया
मेरे इश्क़ की पाक किताब
कितनी दर्दनाक है,
आज मैंने इन्तज़ार का सफा
इसमें फाड़ लिया।

प्रेम-व्यथा की इतनी खुली, मार्मिक तथा सरल अभिव्यक्ति है कि अमृताजी से उन्हीं के शब्दों में पूछने को जी करता है कि—

अप्सरा, ओ अप्सरा,
हुस्न कैसा खेल है
कि इश्क़ जीत नहीं पाता!

इसमें सन्देह नहीं कि अमृताजी की कविता के अनुवाद से हिन्दी काव्य भाव-धनी, स्वप्न-संस्कृत तथा शिल्प-समृद्ध बनेगा। इसमें आए हुए पंजाबी के अनेक सरल काव्यमय शब्द हिन्दी के शब्दचित्र-भंडार की पूर्ति करेंगे। निस्सन्देह इस हिन्दी अनुवाद से उनकी मौलिक पंजाबी भाषा की कृति में कहीं अधिक मिठास है। इन कविताओं से यह सहज ही प्रमाणित हो जाता है कि अमृताजी का स्थान पंजाबी ही में नहीं समस्त भारतीय भाषाओं में भी प्रथम श्रेणी के योग्य है। इस संग्रह से हिन्दी के नये कवियों को विशेष रूप से प्रेरणा मिलेगी जो आज अपने हृदय की सहज भाव-ग्राहिणी अमूल्य-दृष्टि को गँवाकर कोरी बौद्धिकता के नीरस निःसार मरु में

दिग्भ्रान्त भटक रहे हैं। जिस गहरी भाव-संवेदना, सामाजिक यथार्थ तथा युगमानव की व्यथा का सच्चा चित्रण अमृताजी ने अपनी नारी-हृदय की जादू-तूली से इन कविताओं में किया है वे उनकी कृति को एक अत्यन्त उच्च तथा व्यापक स्तर पर उठा देती हैं। मैं इन कविताओं के आमुख के रूप में दो शब्द लिखकर चरितार्थता का अनुभव करता हूँ।

इलाहाबाद **सुमित्रानन्दन पन्त**

11.5.66

क्रम

खंड-2

खंड-3

फेर तैनूँ याद कीता
अग्ग नूँ चुम्मिओ असां
इश्क़ पियाला ज़हर दा
इक घुट्ट फिर मंग्गिआ असां

धूप का टुकड़ा

धुप्प दा टोटा

मैनू उह वेला याद ए
जद इक टोटा धुप्प दा
सूरज दी उंगल पकड़ के
न्हेरे दा मेला वेखदा
भीड़ां दे विच्च गुआचिआ

सोचदी हां—सहिम दा ते—
सुँज दा वी साक हुंदा ए
मैं जु इसदी कुछ नहीं
पर इस गुआचे बाल ने
इक हत्थ मेरा फड़ लिआ

तू किते लभदा नहीं
हत्थ नू छोंहदा पिआ
निक्का ते तत्ता इक साह
ना हत्थ दे नाल परचदा
ना हत्थ दा खांदा वसाह

न्हेरा किते मुकदा नहीं
मेले दे रौले विच्च वी
है इक आलम चुप्प दा
ते याद तेरी इस तरहां
जिओं इक टोटा धुप्प दा

धूप का टुकड़ा

मुझे वह समय याद है
जब धूप का एक टुकड़ा
सूरज की उँगली थामकर
अँधेरे का मेला देख़ता
उस भीड़ में खो गया

सोचती हूँ : सहम का
और सूनेपन का एक नाता है
मैं इसकी कुछ नहीं लगती
पर इस खोये बच्चे ने
मेरा हाथ थाम लिया

तुम कहीं नहीं मिलते
हाथ को छू रहा है—
एक नन्हा-सा गर्म साँस
न हाथ से बहलता है,
न हाथ को छोड़ता है

अँधेरे का कोई पार नहीं
मेले के शोर में भी
एक ख़ामोशी का आलम है
और तुम्हारी याद इस तरह
जैसे धूप का एक टुकड़ा

याद

सूरज ने कुझ घाबर के अज
चानण दी इक बारी खोहली
बद्दल दी इक बारी भीड़ी
उतर गिआ न्हेरे दी पौड़ी

अंबर दे भरवट्टिआं उत्ते
पता नहीं क्यों मुढ़का आइआ
तारे, सारे बीड़े खोहले
गलों चन्न दा कुड़ता लाहिआ

बैठी हां मैं दिल दी गुट्ठे
याद तेरी अज ईकण आई
जीकण गिल्ली लक्कड़ विच्चों
गाढ़ा कौड़ा धूआँ उट्ठे

नाल सैंकड़े सोचां आईआं,
जीकण सुक्की लक्कड़ भरदी
लाल किरमची अग्ग दे हउके
दोवें लक्कड़ां हुणे बुझाईआं

वरहे, जिसतराँ कोले खिन्डे
कुझ बुज्झे, कुझ बुज्झणों रह गए

याद

आज सूरज ने कुछ घबरा कर
रोशनी की एक खिड़की खोली
बादल की एक खिड़की बन्द की
और अँधेरे की सीढ़ियाँ उतर गया

आसमान की भवों पर
जाने क्यों पसीना आ गया
सितारों के बटन खोलकर
उसने चाँद का कुर्ता उतार दिया

मैं दिल के एक कोने में बैठी हूँ
तुम्हारी याद इस तरह आई
जैसे गीली लकड़ी में से
गाढ़ा कड़ुवा धुआँ उठे

साथ हज़ारों ख़याल आए
जैसे सूखी लकड़ी
सुर्ख़ आग की आहें भरे
दोनों लकड़ियाँ अभी बुझाई हैं

वर्ष कोयलों की तरह बिखरे हुए
कुछ बुझ गए, कुछ बुझने से रह गए

हत्थ समें दा सांभण लग्गा
पोट्यां उत्ते छाले पै गए

इश्क तेरे दे हत्थों छुट्टी
जिंद काहड़नी टुट्ट गई है
तवारीख़ अज चौंके विच्चों
भुक्खी भाणी उट्ठ गई है

वक़्त का हाथ जब समेटने लगा
पोरों पर छाले पड़ गए

तेरे इश्क़ के हाथ से छूट गई
और ज़िन्दगी की हँड़िया टूट गई
इतिहास का मेहमान
चौके से भूखा उठ गया

रोज़ी

नीले अंबर दी इक गुट्ठे

रात-मिल्ल दा घुग्गू वज्जे
चन्द्रमा दी चिमनी विच्चों
चिट्टा गाड़ा धूआं उट्ठे

सुपने जीकण कई भट्ठीआं
हर इक भट्ठी अग्ग झोकदा
मेरा इश्क मजूरी करदा

मेल तेरा कुझ ईकण मिलदा
जीकण कोई तलीआं उत्ते
इक डंग दी रोज़ी धरदा

जिहड़ी सक्खणी हांडी भरदा
रिन्ह पका के अन्न परस के
उहीओ हांडी मूधी धरदा

रहिंदी अग्ग 'ते हत्थ सेकदा
धड़ीए मासे निस्सल हुंदा
शुकर शुकर अल्ला दा करदा

रोज़ी

नीले आसमान के कोने में

रात-मिल का साइरन बोलता है
चाँद की चिमनी में से
सफ़ेद गाढ़ा धुआँ उठता है

सपने जैसे कई भट्ठियाँ हैं
हर भट्ठी में आग झोंकता हुआ
मेरा इश्क़ मज़दूरी करता है

तेरा मिलना ऐसे होता है
जैसे कोई हथेली पर
एक वक़्त की रोज़ी रख दे

जो ख़ाली हँड़िया भरती है
राँध-पका कर अन्न परस कर
वही हाँड़ी उलटी रखता है

बची आँच पर हाथ सेंकता है
घड़ी पहर को सुस्ता लेता है
और ख़ुदा का शुक्र मनाता है

रात-मिल्ल दा घुग्गू वज्जे
चन्द्रमा दी चिमनी विच्चों
धूआं निकले इसे आस ते

जोई कमाणा सोई खाणा
ना कोई किणका कल दा बचिआ
ना कोई भोरा भलक वासते

रात-मिल का साइरन बोलता है
चाँद की चिमनी में से
धुआँ इस उम्मीद पर निकलता है

जो कमाना है वही खाना है
न कोई टुकड़ा कल का बचा है
न कोई टुकड़ा कल के लिए है

मैं...

अंबर जदों वी रात दा
ते चानण दा रिशता गंढदे
तारे बधाईआं वंडदे
क्यों सोचदी हाँ मैं : जे कदी...
मैं, जु तेरी कुझ नहीं लगदी

जिस रात दे होठां ने कदे
सुपने दा मत्था चुम्मिआं
सोचां दे पैरीं छणकदी
इक झांजर जही उस रात दी

इक बिजली जदों असमान 'ते
बद्दलां दे वरके फोलदी
मेरी कहाणी भटकदी
आद ढूंडदी, अन्त ढूंडदी

है खड़क पैंदी कोई तेरे
दिल दी इक बारी जदों
        मैं सोचदी हाँ : केहो जही
        जुरअत है मेरे सवाल दी!

मैं...

आसमान जब भी रात का
और रौशनी का रिश्ता जोड़ते हैं
सितारे मुबारकबाद देते हैं
मैं सोचती हूँ, अगर कहीं...
मैं, जो तेरी कुछ नहीं लगती

जिस रात के होंठों ने कभी
सपने का माथा चूमा था
सोच के पैरों में उस रात से
इक पायल-सी बज रही है

इक बिजली जब आसमान में
बादलों के वर्क उलटती है
मेरी कहानी भटकती है
आदि ढूँढ़ती है, अन्त ढूँढ़ती है

तेरे दिल की एक खिड़की
जब कहीं बज उठती है
        सोचती हूँ, मेरे सवाल की
        यह कैसी जुर्रत है!

तलीआँ दे उत्ते इश्क दी
मैहंदी दा कुझ दावा नहीं
हिजर दा इक रंग है
ते इक खुशबू है तेरे ज़िकर दी

मैं, जु तेरी कुझ नहीं लगदी

हथेलियों पर इश्क़ की
मेहँदी का कोई दावा नहीं
हिज्र का एक रंग है
और तेरे ज़िक्र की एक ख़ुशबू

मैं, जो तेरी कुछ नहीं लगती

मुलाक़ात

मेरा शहर जदों तू छोहिआ
अंबर आखे मुट्ठां भर के
अज मैं तारे वारां

दिल दे पत्तण मेला जुड़िआ
रातां जिओ रेशम दीआं परीआँ
आईआं बाह कतारां

तेरा गीत जदों मैं छोहिआ
काग़ज़ उत्ते उघड़ आईआं
केसर दीआं लकीरां

सूरज ने अज मेंहदी घोली
तलीआं उत्ते रँगीआं गईआं
अज दोवें तकदीरां

मुलाक़ात

मेरे शहर ने जब तेरे क़दम छुए
सितारों की मुट्ठियाँ भरकर
आसमान ने निछावर कर दीं

दिल के घाट पर मेला जुड़ा
ज्यों रातें रेशम की परियाँ
पाँत बाँधकर आईं

जब मैं तेरा गीत लिखने लगी
काग़ज़ के ऊपर उभर आईं
केसर की लकीरें

सूरज ने आज मेहँदी घोली,
हथेलियों पर रँग गईं
हमारी दोनों तकदीरें

दावत

रात-कुड़ी ने दावत दित्ती,
तारे जीकण चौल छड़ींदे
किसने देगां चाढीआं

किसने आंदी चन्न सुराही
चानण घुट्ट शराब दा
ते अंबर अक्खाँ गाढीआँ

धरती दा अज दिल पिआ धड़के
मैं सुणिआ अज टाहणां दे घर
फुल्ल प्राहुणे आए वे

इस दे अग्गों की कुझ लिखिआ
हुण एन्हां तकदीरां कोलों
केहड़ा पुच्छण जाए वे

उमरा दे इस काग़ज़ उत्ते
इश्क तेरे अँगूठा लाइआ
कौण हिसाब चुकाएगा

किसमत ने इक नग़मा लिखिआ
कहिंदे ने कोई अज रात नूँ
ओहीओ नग़मा गाएगा

दावत

रात-कुड़ी ने दावत दी
सितारों के चावल फटक पर
यह देग किसने चढ़ा दी

चाँद की सुराही कौन लाया
चाँदनी की शराब पीकर
आकाश की आँखें गहरा गईं

धरती का दिल धड़क रहा है
सुना है आज टहनियों के घर
फूल मेहमान हुए हैं

आगे क्या लिखा है
अब इन तकदीरों से
कौन पूछने जाए

उम्र के काग़ज़ पर
तेरे इश्क़ ने अँगूठा लगाया
हिसाब कौन चुकाएगा!

किसमत ने इक नग़मा लिखा है
कहते हैं कोई आज रात
वही नग़मा गाएगा

कलप बृछ दी छाँवें बहि के
कामधेन दा दुध पसमिआ
किसने भरीआं दोहणीआं

किहड़ा सुणे हवा दे हउके
चल नी जिन्दे चलीए—सानूं
सद्दण आईआं होणीआं

कल्प वृक्ष की छाँव में बैठकर
कामधेनु के छलके दूध से
किसने आज तक दोहनी भरी!

हवा की आहें कौन सुने,
चलूँ
तकदीर बुलाने आई है

आवाज़

वरिहां दे पैंडे चीर के
तेरी आवाज़ आई है
सस्सी दे पैरां नू जिवें
किसे ने मरहम लाई है

अज किसे दे मोढिआं तों
इक हुमा लंघिआ जिवें
चन्न ने अज रात दे
बालां च फुल्ल टुँगिआ जिवें

नींदर दे होठां चों जिवें
सुपने दी महिक आउँदी है
पहिली किरन जिओं रात दे
मत्थे नू सगण लाउँदी है

हर इक हरफ़ दे बदन 'चों
तेरी महिक अउँदी रही
मुहब्बत दे पहिले गीत दी
पहिली सतर गउँदी रही

आवाज़

बरसों की राहें चीरकर
तेरी आवाज़ आई है
सस्सी के पैरों को जैसे
किसी ने मरहम लगाई है

आज किसी के सर से
जैसे हुमा गुज़र गया
चाँद ने रात के बालों में
जैसे फूल टाँक दिया

नींद के होंठों से जैसे
सपने की महक़ आती है
पहली किरण जैसे रात की
माँग में सिन्दूर भरती है

हर इक हरफ़ के बदन से
तेरी महक़ आती रही
मुहब्बत के पहले गीत की
पहली सतर गाती रही

हसरत दे धागे जोड़ के
सालू असी उणदे रहे
बिरहा दी हिचकी बिच्च वी
शहनाई नू सुणदे रहे

हसरत के धागे जोड़कर
हम ओढ़नी बुनते रहे
बिरहा की हिचकी में भी हम
शहनाई को सुनते रहे

तू नहीं आया

चेतर ने पासा मोड़िआ
रंगां दे मेले वास्ते
फुल्लां ने रेशम जोड़िया
तू नहीं आया

होईआं दुपहिरां लम्बीआं
दाखां नू लाली छोह गई
दाती ने कणकां चुम्मीआं
तू नहीं आया

बद्दलां दी दुनीआं छा गई
धरती ने बुक्कां जोड़ के
अम्बर दी रहिमत पी लई
तू नहीं आया

रुकखां ने जादू कर लिआ
जंग्गल नू छोहंदी पौण दे
होंठां 'च शहद भर गिआ
तू नहीं आया

रुत्तां ने जादू छोहणीआं
चन्नां ने पाईआं आण के

तू नहीं आया

चैत ने करवट ली,
रंगों के मेले के लिए
फूलों ने रेशम बटोरा
तू नहीं आया

दोपहरें लम्बी हो गईं
दाखों को लाली छू गई
दराँती ने गेहूँ की बालियाँ चूम लीं
तू नहीं आया

बादलों की दुनिया छा गई
धरती ने दोनों हाथ बढ़ाकर
आसमान की रहमत पी ली
तू नहीं आया

पेड़ों ने जादू कर दिया
जंगल से आई हवा के
होंठों में शहद भर गया
तू नहीं आया

ऋतु ने एक टोना कर दिया
चाँद ने आकर,

रातां दे मत्थे दौणीआं
तू नहीं आया

अज फेर तारे कह गए
उमरां दे महिलीं अजे वी
हुसनां दे दीवे बल रहे
तू नहीं आया

किरणां दा झुरमट आखदा
रातां दी गूढी नींद चों
हाले वी चानण जागदा
तू नहीं आया

रात के माथे झूमर लटका दिया
तू नहीं आया

आज तारों ने फिर कहा
उम्र के महल में अब भी
हुस्न के दिये जल रहे हैं
तू नहीं आया

किरणों का झुरमुट कहता है
रातों की गहरी नींद से
रोशनी अब भी जागती है
तू नहीं आया

गल्लां

आ सज्जण अज गल्लां करीए...

तेरे दिल दे बागां अन्दर
हरी चाह दी पत्ती वांगूं
जिहड़ी गल्ल जदों की उग्गी
उसे गल्ल नू तोड़ लिआ तूँ

हर इक कूली गल्ल छुपाई
हर इक पत्ती सुक्कणे पाई

मिट्टी दे इस चुल्हे अन्दर
किसे अग्ग न फोल लवांगे
इक दो फूंका मार लवांगे
बुज्झी लक्कड़ बाल लवांगे

मिट्टी दे इस चुल्हे अन्दर
सेक इश्क दा बोल पवेगा
मेरे जिसम तांबीए अन्दर
दिल दा पाणी खौल पवेगा

आ सज्जण अज खोल्ह पोटली

बातें

आ साजन आज बातें कर लें...

तेरे दिल के बाग़ों में
हरी चाह की पत्ती जैसी
जो बात जब भी उगी,
तूने वही बात तोड़ ली

हर इक नाजुक बात छुपा ली
हर इक पत्ती सूखने डाल दी

मिट्टी के इस चूल्हे में से
हम कोई चिनगारी ढूँढ़ लेंगे
एक दो फूँकें मार लेंगे
बुझती लकड़ी फिर से बाल लेंगे

मिट्टी के इस चूल्हे में
इश्क़ की आँच बोल उठेगी
मेरे जिस्म की हँड़िया में
दिल का पानी खौल उठेगा

आ साजन आज खोल पोटली

हरी चाह दी पत्ती वांगू
उहीओ तोड़ गवाईआं गल्लां
उहीओ सांभ सुकाईआं गल्लां
इस पाणी विच पा के वेखीं
इस दा रंग बटा के वेखीं

त्तत्ता घुट्ट इक तू वी पीवीं
त्तत्ता छुट्ट इक मैं वी पीवां
उमर-हुनाला असां लंघाइआ
उमर-सिआला लंघदा नहीऊँ

आ सज्जण अज गल्लां करीए...

हरी चाय की पत्ती की तरह
वही तोड़-गँवाई बातें
वही सँभाल सुखाई बातें
इस पानी में डालकर देख
इसका रंग बदलकर देख

गर्म घूँट इक तुम भी पीना
गर्म घूँट इक मैं भी पी लूँ
उम्र का ग्रीष्म हमने बिता दिया
उम्र का शिशिर नहीं बीतता

आ साजन आज बातें कर लें...

सिआल

जिन्द मेरी ठुरकदी
होठ नीले पै गए
ते आत्मा दे पैर वल्लों
कम्बणी चढ़दी पई

वरिहां दे बद्दल गरजदे
इस उमर दे असमान ते
वेहड़े दे विच्च पैंदे पए
कानून गोहड़े बरफ़ दे

गलीआं दे चिक्कड़ लंग्ध के
जे अज तू आवें किते
मैं पैर तेरे धो दिआं

बुत्त तेरा सूरजी
कम्बल दी कन्नी चुक्क के
मैं हड्डां दा ठार भन्न लां

इक कौली धुप्प दी
मैं डीक ला के पी लवां

जाड़ा

मेरी जान ठिठुर रही है
होंठ नीले पड़ गए हैं।
आत्मा के पैर की तरफ़ से
कँपकँपी छूट रही है

इस उम्र के आसमान पर
बरसों के बादल गरज रहे हैं
क़ानून जैसे बर्फ़ के गाले
मेरे आँगन में गिर रहे हैं

कीचड़ भरी गलियाँ पार करके
जो तुम कहीं आ जाओ
मैं तुम्हारे पैर धो दूँ

तुम्हारा सूरज का सा बुत
कम्बल का किनारा उठाकर
मैं हाथ-पाँव सेंक लूँ

एक कटोरा धूप का
मैं एक साँस में पी लूँ

ते इक टोटा धुप्प दा
मैं कुक्ख दे विच पा लवां

ते फेर खौरे उमर दा
इह सिआल गुज़र जाएगा...

और एक टुकड़ा धूप का,
मैं अपनी कोख में रख लूँ

और इस तरह शायद
जन्म-जन्म का जाड़ा बीत जाए...

सवेर

डाढी उच्ची कन्ध वक्त दी
बड़ी उचावीं भीड़ी सौड़ी
रात जिवें लक्कड़ दी पौड़ी

लिफ़दे जांदे गोल तिलकवें
हादसिआं दे सैआं डंडे
जिस डंडे ते पेर टिकांदी
उस तों अगला धुट्ट के फड़दी
जिन्द-सवेर उतांह नू चढ़दी

अंबर-आशक ऊन्धी पाई
बैठा धुन्द दा हुक्का पीवे
सूरज दा इक कोला लैके
लीकां पावे फेर बुझावे

फिर पूरब दी मन्जी झाड़े
बद्दल वट्ट कड्ढ के सारे
नीली चादर करे सवाहरी
गिणे गीटीआं बारो वारी

कदों किसे दा हत्थ छुटकिआ
कदों किसे दा पैर थिड़किया

सवेरा

समय की दीवार बहुत ऊँची
लम्बी तंग और अँधियारी
रात जैसे काठ की सीढ़ी

लचकती गोल फिसलई
हादसों की कई सीढ़ियाँ
जिस सीढ़ी पर पाँव टिकाती
उससे अगली सीढ़ी को थामती
एक सुबह ऊपर को चढ़ती

अम्बर-आशिक औंधा बैठा
आज धुन्द का हुक्का पीये
सूरज का एक कोयला लेकर
लीकें खींचे और बुझाये

फिर पूरब की खाट झाड़ता
बादल जैसे कई सलवटें
नीली चादर झाड़ बिछाता
और सुबह की राह देख़ता

हाथ किसी का कब छूटा
पाँव किसी का कब फिसला

गल्ल, जिसतरां मूहों गुंगी
गल्ल, जिसतरां कन्नों बोली

पूरब दी अज मंजी खाली
कोई सवेर बहिण ना आई
अंबर बौरा ढून्ड रिहा है
धरती दी हर खुन्दर खाई

बात जिस तरह बिलकुल गूँगी
बात जिस तरह बिलकुल बहरी

पूरब की खटिया ख़ाली है
कोई सुबह आज नहीं आई
अम्बर बौरा ढूँढ़ रहा है
धरती की हर खन्दक खाई

अग्ग दी बात

अग्ग दी इह बात है
तूहें इह बात पाई सी
ओही सिगरट जिन्द दी
जो तूं कदे सुलगाई सी

चिणग तेरी देण सी
इह दिल सदा धुखदा रिहा
वक्त कानी पकड़ के
लेखा कोई लिखदा रिहा

चौदां कु मिन्ट छोए ने
आ वेख वहीआं इहदीआं
चौदां कु साल होए ने
आ वेख कलमां कहिंदीआं

एस मेरे जिसम अन्दर
साह तेरा चलदा रिहा
धरती गवाही दएगी
धूँआँ निकलदा रिहा

जिन्द सिगरट बल गई
महिक मेरे इश्क दी

आग की बात

यह आग की बात है
तूने यह बात सुनाई थी
यह ज़िन्दगी की वही सिगरेट है
जो तूने कभी सुलगाई थी

चिंगारी तूने दी थी
यह दिल सदा जलता रहा
वक़्त क़लम पकड़कर
कोई हिसाब लिख़ता रहा

चौदह मिनट हुए हैं
इसका खाता देखो
चौदह साल हुए हैं
इस क़लम से पूछो

मेरे इस जिस्म में
तेरा साँस चलता रहा
धरती गवाही देगी
धुआँ निकलता रहा

उम्र की सिगरेट जल गई
मेरे इश्क़ की महक़

कुझ तेरे साहां दे विच
कुझ पौण दे विच रल गई

वेख टोटा आख़री
उँगलां दे विच्चों छड्ड दे
सेक मेरे इश्क दा
पोटा ना तेरा छोह लवे

जिन्द दा हुण ग़म नहीं
इस अग्ग नू सम्भाल लै
ख़ैर मँगां हत्थ दी
हुण होर सिगरट बाल लै

कुछ तेरी साँसों में
कुछ हवा में मिल गई

देखो यह आख़िरी टुकड़ा है
उँगलियों में से छोड़ दो
कहीं मेरे इश्क़ की आँच
तुम्हारी उँगली को न छू ले

ज़िन्दगी का अब ग़म नहीं
इस आग को सँभाल ले
तेरे हाथ की ख़ैर माँगती हूँ
अब और सिगरेट जला ले

बुरकी

जिन्द-कुड़ी ने कल्ह रात नूं
सुपने दी इक बुरकी भन्नी
पता नहीं इह ख़बर किसतरां
पहुँच गई अंबर दे कन्नीं

वड्डिआं खम्भां ख़बर सुणी
ते लम्बीआं चुज्झां ख़बर सुणी
ते खुंढिआं मूहां ख़बर सुणी
ते त्तिखिआं नहुँआँ ख़बर सुणी

इस बुरकी दा नंगा पिंडा
इस खुशबू दा कज़्जण पाटा
ना कोई मिलिआ मन दा ओहला
ना कोई तन दा झुन्गलमाटा

इक झपट्टे बुरकी खुस्सी
दोवें हत्थ वलूँधर घत्ते,
इक झपट्टे गल्ह झरीटी
नहुँदर वज्जी मूँह दे उत्ते

निवाला

जिन्द कुड़ी ने कल रात
सपने का इक निवाला तोड़ा
जाने यह ख़बर किस तरह
आसमान के कानों तक जा पहुँची

बड़े पंखों ने यह ख़बर सुनी
लम्बी चोंचों ने यह ख़बर सुनी
तेज़ ज़बानों ने यह ख़बर सुनी
तीख़े नाख़ूनों ने यह ख़बर सुनी

इस निवाले का बदन नंगा
ख़ुशबू की ओढ़नी फटी हुई
मन की ओट नहीं मिली
तन की ओट नहीं मिली

एक झपट्टे में निवाला छिन गया
दोनों हाथ ज़ख़्मी हो गए
गालों पर खरशें आईं
होंठों पर नाख़ूनों के निशान

मूँह दे विच बुरकी दी थांवें
रहि गईआं बुरकी दीआं गल्लां
अंबर दे विच उड्डण पईआं
रातां जिवें कालीआं इल्लां

मुँह में निवाले की जगह
निवाले की बातें रह गईं
और आसमान में रातें
काली चीलों की तरह उड़ने लगीं

नाग मणी

डाढ़ा घणा अकल दा जंगल
इलम जिवें इक रुख चन्नण दा
मन दा सप्प कौडीआं वाला
मत्थे दे विच्च मणी चमकदी
पौणां दे विच्च फण फैलाया

पोले पैर सपाधा आया
होठां उत्ते बीन इश्क दी
हत्थ आस दी अन्ही पच्छी
कच्चा दुध मुहब्बत वाला
मन दा सप्प पटारी पाया

बैठ सपैला इक चुराहे
बीन बजावे सप्प खिडावे
कदे सप्प नू गल विच पावे
हस्से राग अते विख रोवे
सारा लोक तमाशे आया

नागमणि

गहरा घना अक्ल का जंगल
इल्म वृक्ष चन्दन का जैसे
मन का साँप कौड़ियोंवाला
माथे में एक मणि चमकती
और हवा में फण फैलाया

धीमे पाँव सपेरा आया
होंठों पर एक बीन इश्क़ की
हाथ आस की बन्द पिटारी
कच्चा दूध मुहब्बतवाला
मन का साँप पिटारी पाया

बैठ सपेरा एक चौराहे
बीन बजाए साँप खिलाए
कभी साँप को गले लगाए
हँसे राग और विष रोये
सारा लोक तमाशे आया

कम्बणी

धरती ने अज वरत खोल्हणा
दिल दी थाली कौण परोसे
गीतां वाले चौल छड़दिआं
कम्बण लग्गी उक्खली

होणी ने अज रूं पिंजाइआ
जिओं जिओं चरखा धूकर देवे
कंबी जावे जिंद जुलाही
कंबी जावे त्तक्कली

अम्बर दी अज पौड़ी कम्बे
तारे उतरण वाहो दाही
किहड़े मन दे महलां अन्दर
पई अचानक भउजली

किस पापी ने तीर चलाया
इश्क दा जंगल सहम गिआ है
डरदी कम्बदी भज्ज गई है
यादां दी मिरगावली

कम्पन

धरती आज व्रत खोलेगी
दिल की थाली कैसे परसूँ
गीतों का यह धान कूटते
काँप रही है ओखली

क़िस्मत ने है रुई पिंजाई
ज्यों-ज्यों चर्खा गूँज सुनाए
काँप रही है प्राण जुलाहिन
काँप रही है तकली

आज गगन की सीढ़ी काँपे
तारे उतरें एक-एक कर
मन के किन महलों में सहसा
मची हुई है खलबली

किस पापी ने तीर चलाया
इश्क़ का जंगल सहम गया है।
डरते-डरते भाग गई है
यादों की मिरगावली

दावत

अकल इलम ने मिट्टी गोई
कलम मेरी धुमिआरी होई
गीत जिसतराँ सागर कूज़े
हुणे हुणे इस चँक तों लाहे

दिल दी भट्ठी बालण पाया
दोहीं हत्थीं उमर खरच के
कड्ढी असाँ शराब इश्क दी
महिफल दे विच्च लै के आए

सदीआं ने अज हउका भरिआ
किहा सराप दित्तोई सानू
जिंद-कुड़ी अज विट्टर बैठी
किसे घुट्ट नू मूँह ना लाए

इस दावत नू की कुझ कहीए
इश्क-शराब इसतरां जापे
हर इक जाम दीआं अक्खाँ विच्च
जीकण गट गट अथरु आए

दावत

अक्ल इल्म की माटी भीगी
क़लम मेरी कुम्हारिन हुई
गीत जिस तरह सागर कूज़े
अभी-अभी चाक से लाए

दिल की भट्ठी आग जलाई
दोनों हाथों उमर ख़र्च कर
एक शराब हज़ार आतशा
महफ़िल में हम लेकर आए

सदियों ने नि:श्वास लिया इक
कैसा शाप दिया है हमको
जीवन-कन्या रूठ गई है
एक घूँट न होंठ छुआए

इस दावत को क्या संज्ञा दें
इश्क़-शराब इस तरह लगती
हर इक जाम की आँखों में हो
जैसे कुछ आँसू भर आए

कुफ़र

अज असाँ इक दुनीआँ वेची
ते इक दीन विहाज लिआए
गल्ल कुफ़र दी कीती

सुपने दा इक थान उणाया
गज़ कु कपड़ा पाड़ लिआ, ते
उमर दी चोली सीती

अज असां अंबर दे घड़िओं
बद्दल दी इक चय्यणी लाही
धुट्ट चानणी पीती

गीतां नाल चुका जावांगे
इह जु असाँ मौत दे कोलों
घड़ी हुधारी लीती

कुफ़्र

आज हमने एक दुनिया बेची
और एक दीन ख़रीद लिया
हमने कुफ़्र की बात की

सपनों का एक थान बुना था
एक गज़ कपड़ा फाड़ लिया
और उम्र की चोली सी ली

आज हमने आसमान के घड़े से
बादल का ढकना उतारा
और एक घूँट चाँदनी पी ली

यह जो एक घड़ी हमने
मौत से उधार ली है
गोतों से इसका दाम चुका देंगे

इक मुकाम

कलम ने अज तोड़िआ गीतां दा काफ़ीआ
इश्क मेरा पहुँचिआ इह केहड़े मुकाम ते!

वेख नज़रां वालिआ कि बहनी आं साहमणे
तली विचों हिजर दी छिलतर नू कड्ढ दे!

जिस हनेरे तों सिवाये होर कुझ ना कत्तिआ
उह मुहब्बत दे गई किरणां अटेर के

उट्ठ आपणे घड़े 'चों पाणी दा कौल देह
धो लवांगी बैठ के राहवाँ दे हादसे

एक मुकाम

क़लम ने आज गीतों का क़ाफ़िया तोड़ दिया
मेरा इश्क़ यह किस मुकाम पर आ गया है

देख नज़रवाले, तेरे सामने बैठी हूँ
मेरे हाथ से हिज्र का काँटा निकाल दे

जिसने अँधेरे के अलावा कभी कुछ नहीं बुना,
वह मुहब्बत आज किरनें बुनकर दे गई

उठो! अपने घड़े से पानी का एक कटोरा दो
राह के हादसे मैं इस पानी से धो लूँगी

रोशनी

हिजर दी इस रात विच्च
कुछ रोशनी औंदी पई
फेर बत्ती याद दी
कुछ होर उच्ची हो गई!

इक हादसा, इक ज़खम
ते इक चीस दिल दे कोल सी
रात नू इह तारिआं दी
रकम ज़रबाँ दे गई

नज़र दे असमान तों
है टुर गया सूरज किते
चन्न विच पर ओस दी
खुशबू अजे औंदी पई

रल गई सी एस विच
इक बून्द तेरे इश्क दी
इस लई मैं उमर दी
सारी कुड़ित्तण पी लई

रोशनी

हिज्र की इस रात में
कुछ रोशनी-सी आ रही है
शायद याद की बत्ती
कुछ और ऊँची हो गई है

एक हादसा, एक ज़ख़्म
एक टीस दिल के पास थी
सितारों की रकम ने
रात को इसे ज़रब दे दी

नज़र के आसमान से
सूरज कहीं दूर चला गया
पर अब भी चाँद में
उसकी ख़ुशबू आ रही है

तेरे इश्क़ की एक बूँद
इसमें मिल गई थी
इसलिए मैंने उम्र की
सारी कड़वाहट पी ली

इक गल्ल

सुच्चा दुद्ध मुहब्बत मेरी
चिट्टे चावल वरिहां वाले
मांजी धोती दिल दी हांडी
दुनीआं जीकण गिल्ली लक्कड़
सारी वस्त ध्वांख गई है

रात जिवें पित्तल दी कौली
चिट्टे चन्न दी कली लहि गई
अज कलपना कसर गई है
सुपना जीकण कैंसर जाए
नींदर जिवें कुड़ांहद गई है

जिंद-कुड़ी दे अंग मोकले
यादां जिवें सौड़ीआं छापां
उंगलां दे विच चींघां पईआं
समिआं दे सुनियारे कोलों
रेती जिवें खड़ाच गई है

ठरदा जाए इश्क दा पिंडा
गीत दा झग्गा कीकण सीवां

एक बात

सुच्चे दूध जैसी मेरी मुहब्बत
चिट्टे चावल बरसों के
माँजी-धुली दिल की हाँडी
दुनिया जैसे गीली लकड़ी
सारी वस्तु धुआँख गई है

रात जैसे पीतल की कटोरी है
चाँद की सफ़ेद कलई उतर गई
कल्पना पितरा गई है
सपना कसरा गया है
और सारी नींद कड़वा गई है

ज़िन्दगी के हाथ में
यादें जैसे सँकरी अँगूठी
उँगली में चीह्न पड़ गई
समय के सुनार से
रेती जैसे खो गई है

इश्क़ का बदन ठिठुर रहा है
गीत का कुरता कैसे सीऊँ

उधड़ गया खिआल तरोपा
कलम-सूई दा नक्का टुट्टा
सारी गल्ल गुआच गई है

ख़यालों का धागा उलझ गया है
क़लम की सूई टूट गई है
और सारी बात खो गई है

खुशी

दूरों किधरों वाज सुणीवी
'वाज जिसतरां तेरी होवे
कन्नां ने इक हऊका भरिआ
कम्बण लग्गी जिन्द सिआणी

खुशी अंजाणी हत्थ छुडा के
दोवें निक्कीआं बाहवां अड्डी
ईकण दौड़ी, जीकण कोई
बालड़ी दौड़े पैरों वाहणी

पहिला कन्डा संस्कार दा
दूजा कन्डा लोक लाज दा
तीजा कन्डा धन दौलत दा
ख़तरे जीकण कई छिलतरां

तलीआं विचों कन्डे कढदी
पोटे घुटदी, लहू पूँझदी
मीलां मीलां पैर लंगादी
अप्पड़ पहुँची खुशी निमाणी

अगला पैर अगांह नू जावे
पिछला पैर पिछांह नू आवे

ख़ुशी

दूर कहीं से आवाज़ आई
आवाज़ जैसे तेरी हो
कानों ने गहरी साँस ली
जीवन-बाला काँप उठी

मासूम ख़ुशी हाथ छुड़ाकर
दोनों नन्ही बाँहें फैलाकर
एक बालिका की तरह
नंगे पाँव भाग उठी

पहला काँटा संस्कार का
दूसरा काँटा लोक-लज्जा का
तीसरा काँटा धन-दौलत का
ख़तरे जैसे कितने काँटे...

तलवों से काँटे निकालती
पोर दबाती लहू पोंछती
मीलों कोसों लँगड़ाती हुई
मासूम ख़ुशी वहाँ आ पहुँची

अगला पाँव आगे को बढ़े
पिछला पाँव पीछे को मुड़े

'वाज जिसतरां असलों तेरी
नज़र जिसतरां बड़ी बेगानी

दोचित्ती दा त्तिखा कन्डा
अड्डी दे विच ईकण खुब्भा
अकल इलम दा नहूँ हारिआ
खुब्भ गया है कित्थों ताणी

सारा पैर सुज्जदा जावे
ज़हिर जिहा फैलदा जावे
हक्की बक्की भुंज्जे बैठी
रोण लग्ग पई खुशी अंज्जाणी

आवाज़ जैसे बिलकुल तेरी
नज़र जैसे बिलकुल बेगानी

असमंजस का तीख़ा काँटा
एड़ी में इस तरह चुभ गया
अकल इलम के नाख़ून हार गए
जाने काँटा कहाँ तक उतर गया

सारा पाँव सूज गया है
ज़हर-सा फैल रहा है
हैरान परेशान ज़मीन पर बैठी
मासूम ख़ुशी रो उठी है

साल मुबारक!

जिवें सोच दी कंघी विच्चों
टुट्ट गया इक दंदा
जिवें समझ दे झग्गे उत्ते
लॅग गई इक खुन्धी
जिवें सिदक दी अख विच अज
चुभ गया इक तीला
नींदर ने जिओं उंगलां दे विच
सुपने दा इक कोला फड़िआ
नवां साल अज ईकण चढ़िआ

जोकण दिल दी पंक्ति विच्चों
बुझ गया इक अक्खर
जिओ विशवास दे काग़ज़ उत्ते
डुल्ह गई अज सिआही
जिवें समें दे होटां विचों
निकल गया इक हऊका
आदम ज़ात दीआं अक्खां विच
जीकण कोई अथरु अड़िआ
नवां साल अज ईकण चढ़िआ

जिवें इशक दी जीभ दे उत्ते
उठ पिआ इक छाला
सभिअता दीओ बाहवां विचों

साल मुबारक

जैसे सोच की कंघी में से
एक दंदा टूट गया
जैसे समझ के कुर्ते का
एक चीथड़ा उड़ गया
जैसे सिदक की आँखों में
एक तिनका चुभ गया
नींद ने जैसे अपने हाथों में
सपने का जलता कोयला पकड़ लिया
नया साल कुछ ऐसे आया

जैसे दिल के फ़िकरे से
एक अक्षर बुझ गया
जैसे विश्वास के काग़ज़ पर
सियाही गिर गई
जैसे समय के होंठों से
एक गहरी साँस निकल गई
और आदमज़ात की आँखों में
जैसे एक आँसू भर आया
नया साल कुछ ऐसे आया

जैसे इश्क़ की ज़बान पर
एक छाला उठ आया
सभ्यता की बाँहों में से

भज्ज गई इक चूड़ी
तवारीख दी मुंदरी विच्चों
डिग्ग पिआ इक थेवा
धरती ने जिऊं अंबर दा इक
बड़ा उदास जिहा ख़त पढ़िआ
नवां साल अज ईकण चढ़िआ

एक चूड़ी टूट गई
इतिहास की अँगूठी में से
एक नीलम गिर गया
और जैसे धरती ने आसमान का
एक बड़ा उदास-सा ख़त पढ़ा
नया साल कुछ ऐसे आया

माया

(प्रसिद्ध चित्तरकार विनसेंट वानगाग दी कलपित प्रेमिका माया नूँ!)

परीए नी परीए!
हूरां शाहज़ादीए!
गोरीए विनसैंट दीए!
सच किओं बणदी नहीं?

हुसन काहदा! इश्क काहदा!
तूँ कही अभिसारिका!
अपने किसे महबूब दी
आवाज़ तूँ सुणदी नहीं

दिल दे अन्दर चिणग पा के
साह जदों लैंदा कोई
सुलग़दे अंगिआर कितने
तूँ कदे गिणदी नहीं

काहदा हुनर! काहदी कला!
तरला है इह इक जीऊण दा
सागर तखईअल दा कदे
तूँ कदे मिणदी नहीं

परीए नी परीए!
हूरां शाहज़ादीए!

माया

(प्रसिद्ध चित्रकार विंसेंट वानगाग की कल्पित प्रेमिका माया से!)

अप्सरा ओ अप्सरा!
शहज़ादी ओ शहज़ादी!
विंसेंट की गोरी!
तुम सच क्यों नहीं बनती?

यह कैसा हुस्न! और कैसा इश्क़!
और तू कैसी अभिसारिका!
अपने किसी महबूब की
तू आवाज़ क्यों नहीं सुनती?

दिल में एक चिनगारी डालकर
जब कोई साँस लेता है
कितने अंगारे सुलग उठते हैं
तू उन्हें क्यों नहीं गिनती?

यह कैसा हुनर! और कैसी कला!
जीने का एक बहाना है
यह तख़ैय्युल का सागर
तू कभी क्यों नहीं नापती?

अप्सरा ओ अप्सरा!
शहज़ादी ओ शहज़ादी!

ख़िआल तेरा पार ना—
उरवार देंदा है

रोज़ सूरज ढूँढदा है
मूँह किते दिसदा नहीं
मूँह तेरा जो रात नूँ
इकरार देंदा है

तड़प किसनूं आख दे ने
तूँ नहीं इह जाणदी,
क्यों किसे तों जिन्दगी
कोई वार देंदा है!

दोवें जहान आपणे
लांदा है कोई खेड ते
हसदा है नामुराद
ते फिर हार देंदा है।

परीए नी परीए!
हूरां शाहज़ादीए!
लक्खां खिआल इसतरां
औणगे टुर जाणगे

अरग़वानी ज़हिर तेरा
रोज़ कोई पी लवेगा
नकश तेरे रोज़ जादू
इसतरां कर जाणगे

हस्सेगी तेरी कलपना
तड़पेगा कोई रात भर

तेरा ख़याल न आर देता है
न पार देता है

सूरज रोज़ ढूँढ़ता है
मुँह कहीं दिख़ता नहीं
तेरा मुँह, जो रात को—
इक़रार देता है

तड़प किसे कहते हैं
तू यह नहीं जानती,
किसी पर कोई अपनी ज़िन्दगी
क्यों निसार करता है

अपने दोनों जहाँ
कोई दाँव पर लगाता है
नामुराद हँसता है
और हार जाता है

अप्सरा ओ अप्सरा!
शहज़ादी ओ शहज़ादी!
इस तरह लाखों ख़याल
आएँगे, चले जाएँगे

तेरा अरग़वानी ज़हर
कोई रोज़ पी लेगा
और तेरे नक़्श हर रोज़
जादू कर जाएँगे

तेरी कल्पना हँसेगी
कोई रात-भर तड़पेगा

सालां दे साल इसतरां
इसतरां खुर जाणगे

हुनर भुक्खा रोटी ए!
प्यार भुक्खा गोरी ए!
कितने कु तेरे वानगाग
इसतरां मर जाणगे!

परीए नी परीए!
हूरां शाहज़ादीए!
हुसन काहदी खेड है
इश्क जद पुगदे नहीं

रात है काली बड़ी
उमरां किसे ने बालीआं
चन्न सूरज कहे दीवे
अजे वी जगदे नहीं

बुत्त तेरा सोहणीएं!
ते इक सिट्टा कणक दा
काहदीआं इह धरतीआं
अजे वी उगदे नहीं

हुनर भुक्खा रोटीए!
प्यार भुक्खा गोरीए!
काहदा है रुक्ख निज़ाम दा
फल कोई लगदे नहीं।

और बरस के बरस
इस तरह बीत जाएँगे

हुनर भूखा है, ए रोटी!
प्यार भूखा है, ए गोरी!
तेरे कितने वानगाग
इस तरह मर जाएँगे!

अप्सरा ओ अप्सरा!
शहज़ादी ओ शहज़ादी!
हुस्न कैसा खेल है
कि इश्क़ जीत नहीं पाता

रात जाने कितनी काली है
उम्र को भी जला के देख लिया
चाँद सूरज कैसे चिराग़ हैं
कोई जल नहीं पाता

ए अप्सरा! तुम्हारा बुत
और गेहूँ की एक बाली
यह कैसी धरतियाँ हैं
कुछ भी उग नहीं पाता

हुनर भूखा है, ए रोटी!
प्यार भूखा है, ए गोरी!
निज़ाम का पेड़ कैसा है
जैसे कोई फल नहीं लगता।

खंड–2

हादसा

वरिहां की इक आरी हस्से
हादसियां दे त्तिखे दंदे
अचणचेती पावा टुट्टा
अम्बर दी इस चौंकी उत्तों
डिग पिआ शीशे दा सूरज
अक्खां विच्च कंकरां पईआं
नीझ मेरी अज ज़खमी होई
नीझ मेरी नू कुझ ना दिस्से
दुनीआं शाइद अजे वी वस्से

हादसा

बरसों की आरी हँस रही थी
घटनाओं के दाँत नुकीले थे
अकस्मात् एक पाया टूटा
आसमान की चौकी पर से
शीशे का सूरज फिसल गया
आँखों में कंकड़ छितरा गए
और नज़र ज़ख़्मी हो गई
कुछ दिखाई नहीं देता
दुनिया शायद अब भी बसती होगी!

दुद्ध दी बून्द

मौत मेरी इक गल्ल चरोकी
कदी कदी मैं उट्ठां...सोचां
चल्लां—फुल प्रवाह आवां मैं
लाश दा करज़ा लाह आवां मैं

हर घटना, समझा सकदी हां
इक घटना समझा नहीं सकदी
लाश नू हुन्दी भुक्ख लाश दी
बांझ ना होवे कुक्ख लाश दी

हारे कुक्ख लाश दी हारे
मोई कुक्ख नू ममता मारे

लाश दा करज़ा लाह सकदी हां
कुक्ख दा करज़ा कौण उतारे

कदे कदे मैं उट्ठां...सोचां...
कुक्ख दी लाल वही नू पाडां
अपणा दसख़त आप छुपावां
इस करज़े तों मुक्कर जावां

उठदी पैर दहलीज़े रखदी
कुक्ख दी चोरी मारे मैनू

दूध की बूँद

मेरी मौत, इक पुरानी बात है...
कभी-कभी उठती हूँ, सोचती हूँ
चलूँ नदी में फूल डाल आऊँ
लाश का क़र्ज़ उतार आऊँ

हर घटना समझा सकती हूँ
यह घटना समझा नहीं सकती
लाश को एक लाश की भूख होती है
लाश की कोख बाँझ नहीं होती

लाश की कोख हार जाती है
मर चुकी कोख को ममता मारती है

लाश का क़र्ज़ उतार सकती हूँ
कोख का क़र्ज़ कैसे उतारूँ?

कभी-कभी उठती हूँ, सोचती हूँ
कोख का बही खाता फाड़ दूँ
अपने दस्तख़त आप ही छुपा लूँ
इस क़र्ज़ से मुकर जाऊँ

उठती हूँ, दहलीज़ पर पाँव रखती हूँ
कोख की चोरी मुझे मारती है

लाश मेरी दी छाती विच्चों
सिम्म पवे इक बून्द दुद्ध दी

सरदल अपनी थां तों हिल्ले
उसदी थावें पैर खलोवे
हंझुआं नू कोई तर सकदा ए
दुद्ध दी बून्द पार ना होवे।

और मेरी लाश की छाती से
दूध की एक बूँद टपक पड़ती है

दहलीज़ अपनी जगह से हिल जाती है
उसकी जगह पैर टिक जाता है
आँसुओं को कोई तैर सकता है
दूध की बूँद कोई कैसे पार करे?

रात मेरी

रात मेरी जागदी
तेरा ख़याल सौं गया

सूरज दा रुक्ख खड़ा सी
किरनां किसे ने तोड़ीआं

चन्न दा गोटा किसे ने
अम्बर तों अज ऊधेड़िआ

किओं किसे दी नींद नू
सुपने बुलावा दे गए
तारे खलोते रह गए
अम्बर ने बूहा ढो लिआ

इह ज़खम मेरे इश्क दे
सीते सी तेरी याद ने
अज तोड़ के टांके असां
धागा वी तैनू मोड़िआ

कितनी कु दरदनाक है
आज बीड़ मेरे इश्क दी
सभनां उडीकां दा असां
पत्तरा इहदे 'चों पाड़िआ

रात मेरी

मेरी रात जाग रही है
तेरा ख़याल सो गया

सूरज का पेड़ खड़ा था
किसी ने किरणें तोड़ लीं

और किसी ने चाँद का गोटा
आसमान से उधेड़ दिया

किसी की नींद को
सपनों ने क्यों बुलावा दिया
सितारे खड़े रह गए
आसमान ने दरवाज़ा बन्द कर दिया

मेरे इश्क़ के ज़ख्म
तेरी याद ने सिये थे
आज मैंने टाँके खोलकर
वह धागा तुझे लौटा दिया

मेरे इश्क़ की पाक किताब
कितनी दर्दनाक है
आज मैंने इन्तज़ार का सफ़ा
इसमें फाड़ दिया

धरती दा हऊका निकलिआ
असमान ने सिसकी भरी
फुल्लां दा सी इक काफ़िला
तत्ते थलां 'चों गुज़रिआ

कणक दी इक महिक सी
बारूद ने अज पी लई
ईमान सी इक अमन दा
ओह वी किते विकदा पिआ

दुनिआं दे चानण नूं अजे
सदीआं उलांभे देंदीआं
इस प्यार दी रुत्ते तुसां
नफ़रत नूं कीकण बीजिआ

इनसान दा इह ख़ून है
इनसान नूं पुच्छदा पिआ
ईसा दे सुच्चे होठ नूं
सूली ने कीकण चुम्मिआ

इह किसतरां दी रात सी
अज दौड़ के लंग्घी जदों
चन्न दा इक फुल्ल सी
पैरां दे हेठां आ गया

सूरज दा घोड़ा हिणकिआ
चानण दी काठी लहि गई
उमरां दे पैंडे मारदा
धरती दा पांधी रो पिआ

धरती ने गहरी साँस ली
आसमान से सिसकी भरी
फूलों का एक क़ाफ़िला था
आज वह रेगिस्तान से गुज़रा

गेहूँ की एक ख़ुशबू थी
आज बारूद ने पी ली
अमन का एक ईमान था
वह भी कहीं बिक रहा

दुनिया की रोशनी से
सदियाँ शिकवा करती हैं
इस मुहब्बत के मौसम में
तुमने नफ़रत को कैसे बो दिया

यह इनसान का ख़ून है
इनसान से सवाल करता है
ईसा के पाक होंठों को
सूली ने कैसे चूम लिया

यह किस तरह की रात थी
आज जब भागकर गुज़री
चाँद का इक फूल था
पैरों तले रौंदा गया

सूरज का घोड़ा हिनहिनाया
रोशनी की काठी उतर गई
उमर का सफ़र तय करता
धरती का मुसाफ़िर रो दिया

इह रात किओं अज त्रहि गई
कालख है कुझ कम्बदी पई
किधरे किसे विशवास दा
शाइद टटहिणा चमकिआ

रातां दी अक्ख फरकदी
इह खौरे चंग्गा सगण है
अम्बर दी उच्ची कन्ध'ते
चानण दा तीला लिशकिआ

की करे टाहणी कोई
फुल्लां दी ममता मारदी
इनसान दी तकदीर ने
इनसान नूं अज आखिआ;

हुसनां ते इश्कां वालिओ!
जावो लिआवो मोड़ के
विशवास दा इक जातरु
जित्थे वी किधरे टुर गया!

यह रात आज क्यों ठिठक गई
सियाही भी कुछ काँप रही
कहीं किसी विश्वास का
शायद जुगनू चमक उठा

रात की आँख फड़कती है
यह शायद अच्छा शगुन है
आसमान की ऊँची दीवार पर
रोशनी का एक तिनका चमक उठा

कोई टहनी क्या करे
फूलों की ममता सताती है
इनसान की तकदीर ने
आज इनसान से कहा;

हुस्न और इश्क़वालो!
जाओ, लौटा लाओ
विश्वास का एक यात्री
जहाँ कहीं भी चला गया

परदेसी

भरे होए ने दोवें बोझे
सारे पौंड ते रूबल डालर
लफ़ज़ जिवें नोटां दीआं थहीआं
पर इह रकम बदेशी सिक्का

इश्क तेरा मैं किवें खरीदां
बेप्रवाह माण दे मत्ते
लफ़ज़ दिआं ते मन दा सिक्का
बदलां किहड़े काउंटर ऊत्ते

मैं आशक असलों परदेसी।

परदेसी

दोनों जेबें भरी हुई हैं
सभी पाउंड, रूबल, और डॉलर
लफ़्ज़ जैसे नोटों के बंडल
पर यह रकम विदेशी सिक्का

तेरा इश्क़ कैसे ख़रीदूँ
बेपरवाह और अभिमानी
लफ़्ज़ दे दूँ और मन का सिक्का
कौन से काउंटर पर बदलूँ

मैं आशिक बिलकुल परदेसी

दाग़

कच्ची कन्ध मुहब्बत वाली
लिम्बिआ अते पोचिआ मत्था
फिर वी इसदी वक्खी विच्चों
राती इक खरेपड़ लत्था

असलों जिवें मुघार हो गया,
कन्ध दे उत्ते दाग़ पै गया

इह दाग़ अज रुँ रुँ करदा
इह दाग़ अज बुल्लीहां टेरे
इह दाग़ अज अड़ी पै गया
इह दाग़ अज छड़ीआं मारे

बिट बिट तकदा मेरी वल्ले
अपणी माँ दा मूँह सिंझाणे
बिट बिट तकदा तेरी वल्ले
अपने पिओ दी पिट्ठ पछाणे

बिट बिट तकदा दुनीआं वल्ले
सौण लई पंघूड़ा मंग्गे,
दुनीआं दे कानूनां कोलों
खेडण लई छणकणा मंग्गे

दाग़

मुहब्बत की कच्ची दीवार
लिपी हुई, पुती हुई
फिर भी इसके पहलू से
रात, एक टुकड़ा टूट गिरा

बिलकुल जैसे सूराख़ हो गया
दीवार पर दाग़ पड़ गया

यह दाग़ आज रूँ रूँ करता
यह दाग़ आज होंठ बिसूरे
यह दाग़ आज ज़िद्द करता है
यह दाग़ कोई बात न माने

टुकुर टुकुर मेरे को देखे
अपनी माँ का मुँह पहचाने
टुकुर टुकुर तेरे को देखे
अपने बाप की पीठ पहचाने

टुकुर टुकुर दुनिया को देखे
सोने के लिए पालना माँगे
दुनिया के क़ानूनों से
खेलने को झुनझुना माँगे

कुझ ते मुक्खों बोल नी माए
एस दाग़ नूं लोरी देवां
कुझ ते मुक्खों बोल बाबला
एस दाग़ नूं कुच्छड़ चुक्कां

दिल दे वेहड़े रात पै गई
एस दाग़ नूं किन्ज सुआवां!
दिल दे कोठे सूरज चढ़िआ
एस दाग़ नूं किन्ज छुपावां!

माँ! कुछ तो मुँह से बोल
इस दाग़ को लोरी सुनाऊँ
बाप! कुछ तो कह
इस दाग़ को गोद में ले लूँ

दिल के आँगन में रात हो गई
इस दाग़ को कैसे सुलाऊँ!
दिल की छत पर सूरज उग आया
इस दाग़ को कहाँ छुपाऊँ!

अन्नदाता

अन्नदाता!
मेरी जीभ'ते तरा लूण एँ
तेरा नां मेरे बाप दिआं होठां ते
ते मेरे इस बुत्त विच
मेरे बाप दा ख़ून एँ
मैं किवें बोलां
मेरे बोलण तों पहिलां
बोल पैंदा ए तेरा अन्न
कुछ कु बोल सन,
पर असी अन्न दे कीड़े
ते अन्न भार-हेठां
ओह दब्बे गए हन

अन्नदाता!
कामे माँ बाप
दित्ते कामे ने जम्म
कामे दा कम्म है
सिरफ़ कम्म
बाकी वी तां कम्म
कर दै इहो ही चम्म
ओह वी इक कम्म
इह वी इक कम्म

अन्नदाता

अन्नदाता!
मेरी ज़बान पर तुम्हारा नमक है
तुम्हारा नमक मेरे बाप के होंठों पर
और मेरे इस बुत में
मेरे बाप का ख़ून है
मैं कैसे बोलूँ?
मेरे बोलने से पहले
तेरा अनाज बोल पड़ता है
कुछ एक बोल थे,
पर हम अनाज के कीड़े
और अनाज के भार तले
वह बोल दबकर रह गए

अन्नदाता!
मेरे माता-पिता कामगर
कामगर की सन्तान कामगर
कामगर का काम,
सिर्फ़ काम
बाकी भी तो काम
यही चाम करता है,
वह भी एक काम
यह भी एक काम

अन्नदाता!
मैं चम्म दी गुड्डी
खेड लै खिडा लै
लहू दा प्याला
पी लै पिला लै
तेरे साहवें खड़ी हां अैह
वरतण दी शै
जिवें चाहें वरत लै

उग्गी हां
पिसी हां
गुज्झी हां, विली हां
ते अज तत्ते तवे उत्ते
जिवें चाहें परत लै
मैं बुरकी तों वद्ध कुझ नहीं
जिवें चाहें निगल लै
तूं लावे तों वद्ध कुझ नहीं
जिवें चाहें पिघल लै
लावे'च लपेट लै
कदमां'ते खड़ी हां
बाहवां'च समेट लै

अन्नदाता!
मेरी ज़बान
ते इनकार?
इह किवें हो सकदै!
हां...प्यार...
इह तेरे मतलब दी शै नहीं

अन्नदाता!
मैं मांस की गुड़िया
खेल ले खिला ले
लहू का प्याला
पी ले पिला ले
तेरे सामने खड़ी हूँ
इस्तेमाल की चीज़
इस्तेमाल कर लो

उगी हूँ
पिसी हूँ
बेलन से बिली हूँ
आज गर्म तवे पर
जैसे चाहो उलट लो
मैं एक निवाले से बढ़कर कुछ नहीं
जैसे चाहो निगल लो
तुम लावे से बढ़कर कुछ नहीं
लावे में लपेट लो
क़दमों में खड़ी
बाँहों में समेट लो

अन्नदाता!
मेरी ज़बान
और इनकार?
यह कैसे हो सकता है!
हाँ...प्यार...
यह तेरे मतलब की शै नहीं

इक गुनाहगार

रोज़ मन्नदा हां अकल दी
अज ना सही,
रोज़ कहिन्दा हां 'हां'
अज 'नांह' सही

मेरी तोबा!
नील चन्द्र दी घाटी
जित्थे उमरां दे साल
सदीआं पए तग्गदे
सुथरे आकाश वी तां
नित चंग्गे नहीं लगदे

नीलीआं रगां दी रत्त
अज फरकदी मेरी
ते मेरे ख़ून वरगी
काली बोली हनेरी
दैंतां जहे परबत
ते उत्थे मूँह भनदे बदलाँ दी टक्कर
ते अज मैं त्तक्कां
गुनाहां दी खड्ड जहीआं
डूँघीआं खड्डां

ते उन्हां विच बद्दल
पाणी हो वगदे

इक गुनाहगार

रोज़ मानता हूँ अक़्ल की
आज न सही,
रोज़ कहता हूँ, 'हाँ'
आज 'न' सही

मेरी तौबा!
नील चन्दर की घाटी
जहाँ उमर के साल
सदियों चलते
उजले आकाश भी तो
रोज़ अच्छे नहीं लगते

नीली नाड़ियों का लहू
आज फड़क रहा है
और मेरे लहू-जैसी
काली आँधी चढ़ आई
देव दानव से परबत
वहाँ सर फोड़ते बादलों की टक्कर
और आज मैं देखूँ,
गुनाहों की खाई जैसी
गहरी खाइयाँ

और उनमें बादल
पानी की तरह बहते

सुथरे आकाश वी तां
नित चंगे नहीं लगदे
रोज़ मन्नदा हां अकल दी
अज ना सही...

समाज दी आवाज़ है जवान
मेरा खीसा वी है जवान
परचा लवांगा
कुछ आखेगा धरम
टेक के मत्था वरचा लवांगा

कूएगी रूह
ते पिछले खिआल
मंग के साईकालोजी तों कारन
सरचा लवांगा

रोज़ मन्नदा हां अकल दी
अज ना सही...

उजले आकाश भी तो
नित अच्छे नहीं लगते
रोज़ मानता हूँ अक़्ल की
आज न सही...

समाज की आवाज़ जवान है
मेरी जेब भी जवान है
परचा लूँगा
धर्म कुछ कहेगा
माथा टेककर बहला लूँगा

आत्मा कुछ कहेगी
संस्कार कुछ बोलेंगे
मनोविज्ञान से कारण माँगकर
उन्हें भी चुप करा लूँगा

रोज़ मानता हूँ अक़्ल की
आज न सही...

इडीपस

दहलीज़ तों उरली तरफ़ मेरा गुनाह
दहलीज़ तों परली तरफ़ मेरी सज़ा

सोचिआ सी अत सुच्ची
दुद्ध दी इह वाशना
पर होठ जूठे हो गए
होठां दी पहली 'वाज नें
तुतला के जो कुझ आखिआ
उह बोल झूठे हो गए

अज अक्ख दे परदेस विच
लभदां हां अपनी नज़र नूं
नज़र शरमिन्दी मिरी
डरदी है सुपना जोड़ के
डरदी है सुपना तोड़ के
साहमणे हुन्दी नहीं

जिस हनेरी रात विच
मालक सां सारी कुक्ख दा
अज ओह हनेरा ढल गया
अज डंग दित्ता जिसम ना
वानण दे काले नाग ने
इक ज़हर है चड़दा पिआ

इडीपस

दहलीज़ के इस तरफ़ मेरा गुनाह
दहलीज़ के उस तरफ़ सज़ा

सोचा था बहुत सुच्ची
दूध की यह महक़
हर होंठ जूठे हो गए
होंठों की पहली आवाज़ ने
तुतला कर जो कुछ कहा
वे बोल झूठे हो गए

आज आँख के परदेस में
अपनी नज़र को ढूँढता हूँ
नज़र शरमिन्दा मेरी
डरती है सपना जोड़कर
डरती है सपना तोड़कर
सामने आती नहीं

जिस अँधेरी रात में
मालिक था सारी कोख का
वह अँधेरा ढल गया
आज डस लिया है जिस्म को
सूरज के काले नाग ने
इक ज़हर है अब चढ़ रहा

हुण शायद मैं सारी उमर
जिसमां दे चिक्कड़ फोल के
लॅभांगा एसे इश्क नूं
वरजित अवरजित मास विच
लॅभांगा एसे महिक नूं
लॅभांगा एसे मुशक नूं

इह की पता किसदी रज़ा!
दहलीज़ तों उरली तरफ़ मेरा गुनाह
दहलीज़ तों परली तरफ़ मेरी सज़ा

अब शायद मैं सारी उम्र
जिस्मों के कीचड़ में हाथ डाल
ढूँढूँगा इसी इश्क़ को
वर्जित-अवर्जित मांस में
ढूँढूँगा इसी महक़ को
ढूँढूँगा इसी गन्ध को

क्या जानूँ यह किसकी रज़ा!
दहलीज़ के इस तरफ़ मेरा गुनाह
दहलीज़ के उस तरफ़ मेरी सज़ा

लंगड़ी छां

रुक्खां दी एक पाल खलोती

जां अड्डी विच रोड़ा चुब्भा
जां गिट्टे नू लोच आ गई
जां गोडे चप्पणी टुट्टी
जां मोड्ढे दी हड्डी उतरी
जिऊँ जिऊँ टाहणी कदम वधावे
तिऊँ तिऊँ उसदा पैर लंगावे

हर इक कूली टाहणी पिच्छे
सुक्की लक्कड़ दी इक टोहणी
जां बाहवां दा गुट्ट भज्जिआ
जां बाहवां दी भज्जी कूहणी
तारां इन्ज पलचीआं गईआं
जुलफ़ां विच अड़काहवां पईआं

जिन्ने लवे रुक्ख दे पत्ते
उन्ने लवे कुक्ख दे पत्ते
माली जिन्नीआं जाचाँ वाला
रुक्ख उन्नीआं गंडढां वाला
जिऊँ जिऊँ टाहणी पैर वधावे
तिऊँ तिऊँ उसदी छां लंगावे

लँगड़ाता साया

दरख़्तों की एक क़तार खड़ी है

या एड़ी में कंकड़ चुभ गया है
या टखने में मोच आ गई है
या घुटने में ज़रब आ गई है
या कन्धे की हड्डी टूट गई है
जितना टहनी क़दम बढ़ाती है
उतना ही उसका पाँव लँगड़ाता है

हर नाज़ुक टहनी के पीछे
सूखी लकड़ी की एक बैसाखी है
शायद कलाई उतर गई है
शायद कुहनी टूट गई है
सारे तार गड्डमड्ड हो गए हैं
सारी ज़ुल्फ़ें उलझ गई हैं

जितने कोमल पेड़ के पत्ते हैं
उतने कोमल कोख के पत्ते हैं
माली जितना सयाना होगा
दरख़्त उतनी गाँठोंवाला होगा
जितना टहनी क़दम बढ़ाएगी
उतना ही साया लँगड़ाएगा

मुड़ीए तुड़ीए कुब्बे होईए
गुच्छा करीए अंग आपणे
किसे रुक्ख दी छांवें बहीए
ते उस रुक्ख दे मत्थे अन्दर
जिहड़ा वी कोई फुल्ल खिड़ेगा
आओ ओस फुल्ल नू रोईए!

आओ, हम मुड़-तुड़ के कुबड़े हो जाएँ
अपने अंग इकट्ठा कर लें
किसी दरख़्त के साये में बैठें
और उस दरख़्त के माथे पर
जो भी कोई फूल खिलेगा
आओ, उस फल को रो लें!

इक नगर

(इक दिन)

मींह कदों दा थंम चुक्का ए

सारा नगर घड़ी कु पहिलां
चिक्कड़ दे विच डिग्ग पिआ सी

तलीआं परने मसां उट्ठिआ
किसे कड़ी ते बाहवां रखदा
किसे इट्ट ते पैर टिकांदा
कोई बांस वक्खी विच्च धरदा
मसां लक्क नू सिद्धा करदा
खड़े होण नू जूझ रिहा ए
मींह कदों दा थंम चुक्का ए
इह मत्थे तों, पुड़पुड़ीआं तों
अजे वी मुड़का पूँझ रिहा ए

एस नगर वी सुपने औंदे
किन्नीआं वी सोचां नूं भीड़ो
फिर वी अंदर आ जांदे ने
किधरे संगमरमरी वादी
दस्स ओस दी पा जांदे ने

एक नगर

(एक दिन)

मेंह कब का थम चुका है

सारा नगर पल-भर पहले
कीचड़ में गिर गया था

हथेलियों के बल मुश्किल से उठा
किसी शहतीर पर बाजू रख़ता
किसी ईंट पर पाँव टिकाता
कोई बाँस बग़ल में लेता
मुश्किल से कमर सीधी करता
खड़ा होने को जूझ रहा है
मेंह कब का थम चुका है
यह माथे और कनपटियों से
अभी तक पसीना पोंछ रहा है

इस नगर में भी सपने आते हैं,
सोच के किवाड़ कितना ही भेड़ लो
यह फिर भी अन्दर आ जाते हैं
कहीं कोई संगमरमर की वादी है
यह उसका पता दे जाते हैं

सारा नगर उन्हां दे आखे
नींदर दे विच तुर पैंदा ए
दूर भविख दा काहली काहली
कुछ रसता तैह कर लैंदा ए

फिर रसते विच सूरज दा
इक अड्डी खोड़ा इसनू लग्गे
टुट जाए गोडे दी चप्पणी
अरकां दे विच्चों लहू वग्गे

वरतमान दी बंद गली
ते दुक्ख भुक्ख दी कंद्ध साहमणे

रात बराते जिन्हीं पैरीं
जिहड़े वी रसते ते जांदा
सुबह सवेरे ओन्हीं पैरीं
उसे रसतिओं मुड़के औंदा

इंज हमेशां एथों तुरदा
अते हमेशां एथे रहिंदा
(ते फेर इक दिन)

रात कदों की लंग्घ चुकी ए
सारा नगर चौंकड़ी मारी
इक फ़लसफ़ी वांगूं बैठा

ना कोई गल्ल सुणे ना आखे
ना कोई इसदे मत्थे उत्ते
लीक हरख दी, लीक शोक दी

सारा नगर उनका कहा मानकर
नींद में चल देता है
दूर भविष्य का जल्दी-जल्दी
कुछ रास्ता तय कर लेता है

फिर रास्ते में सूरज की
इक ठोकर इसे लगती है
घुटने पर चोट आती है
कुहनियों से ख़ून टपकता है

वर्तमान की बन्द गली
सामने दुःख और भूख की दीवार

रात के समय जिन पैरों
जिस रास्ते पर भी जाता है
सुबह के वक़्त उन्हीं पैरों
उसी रास्ते लौट आता है

यूँ हमेशा यहाँ से चलता है
और हमेशा यहीं रहता है
(और फिर एक दिन)

रात कभी की गुज़र चुकी है
सारा नगर आलथी-पालथी मारे
इक फ़लसफ़ी की तरह बैठा हुआ है

न कोई बात सुनता है, न कहता है
न इसके माथे पर
कोई हर्ष की रेखा है, न ही कोई शोक की रेखा

जां तां इसने वरतमान दी
बंद गली दा भेत बुझिआ
इक फ़लसफ़ी वांगूं बैठा
वेजां अज दे मींह विच ढट्ठा

मींह कदों दा थंम चुक्का ए

या तो इसने वर्तमान की
बन्द गली का भेद पा लिया है
और इक फ़लसफ़ी की तरह बैठा हुआ है
या फिर आज मेंह में गिर गया है

मेंह कब का थम चुका है

इक शहर

1

जेहड़ी फ़सल तारिआं बीजी
किसने चोर गुदामीं पाई
बद्दल दी बोरी नू झाड़ां
रात दी मंडी उड्डन घट्टे

चन्दरमां इक भुक्खा वच्छा
सुक्के थण नु मूँह मारदा
धरती-माँ किल्ले 'ते बज्झी
अंबर दी खुरली नूं चट्टे

2

हसपताल दे बूहे अग्गे
हक्क, सच, ईमान ते कदरां
किन्ने लफ़ज़ बीमार पए ने
भीड़ जही इक लग्ग गई ए

ख़बरे कोई लिखेगा नुसख़ा
ख़बरे नुसख़ा लग्ग जावेगा
पर हाली तां इंज जापदा
अउध इन्हां दी पुग्ग गई ए

एक शहर

1

वह फ़सल जो सितारों ने बोई थी
किसने इसे चोर-गोदाम में डाल लिया
बादल की बोरी को झाड़कर देखा
रात की मंडी में गर्द उड़ रही है

चाँद एक भूखे बछड़े की तरह
सूखे थनों को निचोड़ रहा है
धरती माँ अपने थान पर बँधी
आकाश की चरनी को चाट रही है

2

अस्पताल के दरवाज़े पर
हक़, सच, ईमान और कदरें
जाने कितने ही लफ़्ज़ बीमार पड़े हैं
एक भीड़-सी इकट्ठी हो गई है

जाने कोई नुस्ख़ा लिखेगा
जाने वह नुस्ख़ा लग जाएगा
लेकिन अभी तो ऐसा लगता है
इनके दिन पूरे हो गए हैं

3

एस शहर दे विच्च इक्क थावें
थां कि जित्थे रहण निथावें
जिस दिन कोई ना मिले मजूरी
उस दिन जिन्द उन्हां दी झूरी

पहली रात बुढेपे वाली
कन्नां दे विच आ के कह गई
कि एस शहर दे विच उन्हां दी
अह्वल जवानी चोरी हो गई

4

कल रात कहर दा पाला
अज तड़के सेवा समती नू
सड़क दे उत्तों लाश मिली है
नाओं थाओं कुछ पता ना लग्गे

मढ़ीआं दे विच अग्ग पई बलदी
कोई ना एस लाश नू रोइआ
जां कोई मोइआ है इक मंगता
जां कोई शाइद फ़लसफ़ा मोइआ

5

किसे मरद दी बुक्कल दे विच-
किसे कुड़ी ने चीक मार के
पिंड्डे तों इक पच्चर लाही

3

इस शहर में एक घर,
घर कि जहाँ बेघर रहते हैं
जिस दिन कोई मज़दूरी नहीं मिलती
उस दिन वह पशेमान होते हैं

बुढ़ापे की पहली रात
उनके कानों में धीरे से कह गई
कि इस शहर में उनकी
भरी जवानी चोरी हो गई

4

कल रात बला की सर्दी थी
आज सुबह सेवा-समिति को
एक लाश सड़क पर पड़ी मिली है
नाम व पता कुछ भी मालूम नहीं

श्मशान में आग जल रही है
इस लाश पर रोनेवाला कोई नहीं
या तो कोई भिखारी मरा होगा
या शायद कोई फ़लसफ़ा मर गया है

5

किसी मर्द के आगोश में
कोई लड़की चीख़ उठी
जैसे उसके बदन से कुछ टूट गिरा हो

थाणे दे विच हासा मचिआ
काहवाघर विच ही-ही होई

सड़कां ते कुछ हाकर फिरदे
इक-इक पैसे ख़बर वेचदे
रहिंदा पिंड्डा फेर नोचदे

6

गुलमोहर दे रुखां हेठां
लोकी इक दूजे नू मिलदे
बड़ी ज़ोर दी हसदे, गऊंदे
इक दूजे तों अपनी अपनी

मौत दी ख़बर छुपाना चाहुंदे
चिट्टा जिहा कबर दा पत्थर
हत्थां दे विच्च चुस्की फिरदे
अते लाश दी राखी करदे

7

खड़खड़ खड़खड़ करन मशीनां
शहर जिवें इक छापाखाना
हर इक वन्दा एस शहर दा
इक इक कल्ले अक्खर वांगूं

हर पैगम्बर—कम्पोज़ीटर
अक्खर मेल मेल के वेखे
अक्खरां दे विच अक्खर उणदा
कदे कोई फ़िकरां ना बणदा

थाने में एक क़हक़हा बुलन्द हुआ
कहवाघर में एक हँसी बिखर गई

सड़कों पर कुछ हॉकर फिर रहे हैं
एक-एक पैसे में ख़बर बेच रहे हैं
बचा-खुचा जिस्म फिर से नोच रहे हैं

6

गुलमोहर के पेड़ों तले,
लोग एक-दूसरे से मिलते हैं
ज़ोर से हँसते हैं, गाते हैं
एक-दूसरे से अपनी-अपनी

मौत की ख़बर छुपाना चाहते हैं,
संगमरमर क़ब्र का तावीज़ है
हाथों पर उठाए-उठाए फिरते हैं
और अपनी लाश की हिफ़ाज़त कर रहे हैं

7

मशीनें खड़-खड़ कर रही हैं
शहर जैसे एक छापाख़ाना है
इस शहर में एक-एक इनसान
एक-एक अक्षर की तरह अकेला है

हर पैगम्बर एक कम्पोज़ीटर
अक्षर जोड़-जोड़कर देख़ता है
अक्षरों में अक्षर बुनता है
कभी कोई फ़िक़रा नहीं बन पाता

8

दिल्ली एस शहर दा नाओं
कोई नाओं वी हो सकदा ए
(नावां दे विच्च की पिआ ए!)
रोज़ भविख दा सुपना राती

वरतमान दी मैली चादर
अद्धी अपने ऊपर ताणे
अद्धी अपने हेठ विछावे
किन्नां चिर कुझ सोचे, जागे
फिर नींदर दी गोली खावे

8

दिल्ली इस शहर का नाम है
कोई भी नाम हो सकता है
(नाम में क्या रखा है!)
भविष्य का सपना रोज़ रात को

वर्तमान की मैली चादर
आधी ऊपर ओढ़ता है,
आधी नीचे बिछाता है,
कितनी देर कुछ सोचता है, जागता है
फिर नींद की गोली खा लेता है

तीसरी कसम

जिन्द-कुड़ी नूं कसम पहिलड़ी :
'बली' नाओं दा इक सी बन्दा
आप हुदरा, अक्खड़, छिन्दा

पहिला सच्च जिहदा सी 'हूरा'
अन्तिम सच्च जिहदा सी 'मुक्का'

जिन्द-कुड़ी दा मास चक्ख के
मुट्ठी दे विच सोना देके
छाती उत्ते पैर रक्ख के
ज़री दुशाले ताण बोलिआ—

"तूं मेरी हशरां तों तीवीं
तूं मेरे लई जम्मीं जीवीं
तूं ना होर किसे दी होवीं"

एना कह के, कसम खुआ के
जिन्द-कुड़ी नूँ महलीं पा के
चौपट खेडण बैठ गया उह

जिन्द-कुड़ी नूँ कसम दूसरी :
'वली' नाओ दा इक सी बन्दा
जिसने बगली दे विच पाइआ

तीसरी क़सम

जिन्द-कुड़ी को पहली क़सम :
'बलि' नाम का एक आदमी था
अक्खड़ और बेलगाम

जिसका पहला सच था 'टहोका',
आख़िरी सच था 'मुक्का'

जिन्द-कुड़ी का मांस चखकर
मुट्ठी में सोना देकर
छाती पर पाँव रखकर,
ज़री दुशाले तानकर बोला;

"तू मेरी युग-युग से तिरिया
मेरे लिए जीना-मरना
और किसी की तू मत होना।"

इतना कहकर, क़सम दिलाकर
जिन्द-कुड़ी को महल में लाकर
वह चौपड़ खेलने बैठ गया

जिन्द-कुड़ी को दूसरी क़सम :
'वलि' नाम का एक आदमी था
जिसने अपनी बगली में रखे थे

इक भरोसा नेतर हीणा
इक चेतना सेधों हीणी

रिद्धी दा इक धागा लैके
सिद्धी दी इक सूई लैके
जिन्द-कुड़ी दी जीभ सीऊँ के
कन्नां विच गुरमंतर दित्ता :

"भटकी होई आतमा बच्चा!
जो कुझ दिसे ओहीओ कच्चा
जो ना दिस्से ओहीओ सच्चा।"

एना कह के, कसम खुआ के
जिन्द-कुड़ी नूं भोरे पा के
लाण समाधी बैठ गिआ उह

भुक्खी पिआसी जिन्द-कुड़ी ने
सोने नूं इक चक्क मारिआ
मिट्टी नूं इक चक्क मारिआ
दोवें कसमां भन्न के बोली :

"मेरे अपणे मत्थे अन्दर
तीजा नेतर खुल रिहा है
दूर सजण ते राह दुहेला
आपे गुरु ते आपे चेला
तीजी कसम खाण दा वेला"

एक भरोसा दृष्टिहीन
एक चेतना दिशाहीन

रिद्धि का एक धागा लेकर
सिद्धि की एक सूई लेकर
जिन्द-कुड़ी की जीभ को सीकर
कानों में गुरु-मंत्र दिया :

"भटकी हुई आत्मा, बच्चा!
जो दिख़ता है वह है कच्चा,
जो नहीं दिख़ता वह है सच्चा।"

इतना कहकर क़सम दिलाकर,
जिन्द-कुड़ी को कोठरी में डालकर
वह समाधि लगाकर बैठ गया

भूखी-प्यासी जिन्द-कुड़ी ने
सोने को चखकर देखा
मिट्टी को चखकर देखा
दोनों क़समें तोड़कर बोली :

"मेरे अपने माथे अन्दर
तीसरा नेत्र खुल रहा है—
दूर सजन और राह दुहेला
आप गुरु और आप ही चेला
तीसरी क़सम खाने की बेला!"

खंड-3

वारिस शाह नूँ!

अज आखां वारिस शाह नूँ
कितों कबरां विच्चों बोल!
ते अज किताबे-इश्क दा
कोई अगला वरका फोल!

इक रोई सी धी पंजाब दी
तू लिख-लिख मारे वैण,
अज लक्खां धीआं रोंदीआं
तैनू वारिस शाह नू कहण :

उठ दरदमन्दां दिआ दरदीआ
उठ तक अपणा पंजाब
अज बेले लाशां विछीआं
ते लहू दी भरी चनाब

किसे ने पंजां पाणीआं विच
दित्ती ज़हिर रला
ते उन्हां पाणीआं धरत नूँ
दित्ता पाणी ला

इस ज़रखेज़ ज़मीन दे
लूं लूँ फुट्टिआ ज़हर

वारिस शाह से!

आज वारिस शाह से कहती हूँ
अपनी क़ब्र में से बोलो
और इश्क़ की किताब का
कोई नया वर्क खोलो!

पंजाब की एक बेटी रोई थी
तूने उसकी लम्बी दास्तान लिखी,
आज लाखों बेटियाँ रो रही हैं
वारिस शाह! तुमसे कह रही हैं :

ए दर्दमन्दों के दोस्त,
पंजाब की हालत देखो
चौपाल लाशों से अटा पड़ा है
चनाब लहू से भर गया है

किसी ने पाँचों दरियाओं में
ज़हर मिला दिया है
और यही पानी
धरती को सींचने लगा है

इस ज़रख़ेज़ धरती से
ज़हर फूट निकला है

गिठ-गिठ चढ़ीआं लालीआं
ते फुट-फुट चड़िआ कहर

विहु वल्लिसी वा फिर
वणवण वग्गी जा
हर इक वांस दी वंझली
दित्ती नाग वणा

नागां कीले लोक मूँह
बस फिर डंग ही डंग
पलो पली पंजाब दे
नीले पै गए अंग

गलिओं टुट्टे गीत फिर
तकलिओं टुट्टी तन्द
त्रिंजणों टुटीआं सहेलीआं
चरखड़े घूकर बन्द

सणे सेज दे बेड़ीआं
लुड्डण दित्तीआं रोहड़
सणे डालीआं पींघ अज
पिपलां दित्ती तोड़

जित्थे वजदी फूक प्यार दी
वे ओह वंझली गई गुआच
रांझे दे सभ वीर अज
भुल गए उसदी जाच

धरती ते लहू वस्सिआ
कबरां पईआं चोण

देखो, सुर्खी कहाँ तक आ पहुँची!
और क़हर कहाँ तक आ पहुँचा!

फिर ज़हरीली हवा
वन-जंगलों में चलने लगी
उसने हर बाँस की बाँसुरी
जैसे एक नाग बना दी

इन नागों ने लोगों के होंठ डस लिये
फिर यह डंक बढ़ते चले गए
और देख़ते-देख़ते पंजाब के
सारे अंग नीले पड़ गए

हर गले से गीत टूट गया
हर चरखे का धागा टूट गया
सहेली एक-दूसरी से बिछुड़ गईं
चरखों की महफ़िल वीरान हो गई

मल्लाहों ने सारी किश्तियाँ
सेज के साथ ही बहा दीं
पीपलों ने सारी पेंगें
टहनियों के साथ तोड़ दीं

जहाँ प्यार के नग्मे गूँजते थे
वह बाँसुरी जाने कहाँ खो गई
और राँझे के सब भाई
बाँसुरी बजाना भूल गए

धरती पर लहू बरसा
क़ब्रों से ख़ून टपकने लगा

प्रीत दीआं शाहज़ादीआं
अज विच मज़ारां रोण

अज सब्भे 'कैदो' बण गए
हुसन इश्क दे चोर
अज कित्थों लिआईए लब्भ के
वारिस शाह इक होर

अज आखां वारिस शाह नूँ
कितों कबरां विच्चों बोल!
ते अज किताबे-इश्क दा
कोई अगला वरका फोल!

और प्रीत की शहज़ादियाँ
मज़ारों में रोने लगीं

आज जैसे सभी 'कैदो' बन गए
हुस्न और इश्क़ के चोर
मैं कहाँ से ढूँढ़ लाऊँ
एक वारिस शाह और

वारिस शाह! मैं तुमसे कहती हूँ
अपनी क़ब्र से उठो
और इश्क़ की किताब का
कोई नया वर्क खोलो

मजबूर

(1947)

मेरी मां दी कुक्ख मजबूर सी
मैं भी तां इक इनसान हां
अज़ादीआं दी टक्कर विच्च
इक सट्ट दा निशन हां
उस हादसे दा चिह्न हां
जो मां मेरी दे मत्थे उत्ते
लगणा ज़रूर सी
मेरी मां दी कुक्ख मजबूर सी

धिरकार हां मैं उह जिहड़ी
इनसान उत्ते पै रही
पैदाइश हां उस वक्त दी
जद टुट रहे सी तारे
जद बुझ गया सी सूरज
ते चन्न वी बेनूर सी
मेरी मां दी कुक्ख मजबूर सी

मैं खरींड हां इक ज़ख़म दा
मैं धब्बा हां मां दे जिसम दा
मैं जुलम दा उह बोझ हां
जो मां मेरी ढोदीं रही

मजबूर

(1947)

मेरी माँ की कोख मजबूर थी
मैं भी तो एक इनसान हूँ
आज़ादियों की टक्कर में
उस चोट का निशान हूँ
उस हादसे की लकीर हूँ
जो मेरी माँ के माथे पर
लगनी ज़रूर थी
मेरी माँ की कोख मजबूर थी

मैं वह लानत हैं
जो इनसान पर पड़ रही हैं
मैं उस वक़्त की पैदाइश हूँ
जब तारे टूट रहे थे
जब सूरज बुझ गया था
जब चाँद की आँख बेनूर थी
मेरी माँ की कोख मजबूर थी

मैं एक ज़ख़म का निशान हूँ
मैं माँ के जिस्म का दाग हूँ
मैं जुल्म का वह बोझ हूँ
जो मेरी माँ उठाती रही

मां मेरी नूं पेट 'चों
सड़िआंद इक औंदी रही

कौण जाण सकदा है
कितना कु मुशकिल है
आखरां दे जुलम नू
इक पेट दे विच पालणा
अंगां नू झुलसणा
ते हड्डां नू बालणां
फल हां उस वकत दा मैं
आज़ादी दीआं बेरीआं नू
पै रिहा जद बूर सी
मेरी मां दी कुक्ख मजबूर सी

मेरी माँ को अपने पेट से
एक दुर्गन्ध-सी आती रही

कौन जाने कितना मुश्किल है
पेट में एक जुल्म को पालना
अंग-अंग को झुलसाना
और हड्डियों को जलाना
मैं उस वक़्त का फल हूँ
जब आज़ादी के पेड़ पर
बौर पड़ रहा था
आज़ादी बहुत पास थी
बहुत दूर थी
मेरी माँ की कोख मजबूर थी

हवाड़

(नवम्बर, 1962)

इक दोसती दे फुल्ल 'चों
आई हवाड़ ख़ून दी
अकलां दा मत्था ठणकिआ
तहज़ीब दे, इख़लाक दे
पिंडे 'ते मुढका आ गया
ते आपणे दन्दां दे हेठां
जीभ टुक्की अमन ने
अमन दी इक सहुँ ने

इक दोसती दे फुल्ल 'चों
आई हवाड़ ख़ून दी
सुन्घी है काली रात ने
सुन्घी है चिट्टे दिहुँ ने

इह ख़ून है विश्वास दा
नाड़ां 'च खौल जाएगा
डुल्लेगा, मिट्टी चुम्म के
उग्गेगा, मौल जाएगा

उठेगी इसदी वाशना
कणकां 'च फैल जाएगी

गन्ध

(नवम्बर, 1962)

एक दोस्ती के फूल से
ख़ून की गन्ध आई
अक़्ल का माथा ठनका,
तहज़ीब के, और इखलाक़ के
बदन पर पसीना आ गया
अमन ने, और अमन के वादे ने
अपनी ज़बान दाँतों तले दबा ली।

एक दोस्ती के फूल से,
ख़ून की गन्ध आई
इस गन्ध को काली रात ने सूँघा
इस गन्ध को उजले दिन ने सूँघा

यह विश्वास का ख़ून है
रग़ों में खौल जाएगा
बहेगा मिट्टी चूमकर
उगेगा, और फैल जाएगा

इसकी गन्ध उठेगी
गेहूँ में फैल जाएगी

उठेगी इसदी वाशना
कलमां 'च फैल जाएगी

इह वाशना इतिहास दे
साहवां चों औंदी रहेगी
कि ख़ून दी इह वाशना
वारस है साडे ज़ख़म दी

इह ज़ख़म, जु इतिहास दी
छाती ते खुणिआ जाएगा
इतिहास, जिहड़ा ख़ून दे
इस अमल तों शरमाएगा

इह ख़ून, जो इनसान दे
हत्थां 'चों वगदे जा रहे
इह ज़ख़म, जो इनसान दे
हत्थां ते लगदे जा रहे

इह ओही सोहणे हत्थ ने
जो फुल्लां नूं बीज सकदे ने
इह ओही आशक हत्थ ने
जो हुसनां ते रीझ सकदे ने

इह ओही हुनरी हत्थ
जो साज़ां नूं छेड़ सकदे ने
इह ओही किरती हत्थ ने
जो सुपने जोड़ सकदे ने

इह हत्थ पाणी पौण ते
अगनी नूँ बन्ह सकदे ने

इसकी गन्ध उठेगी
क़लमों में फैल जाएगी

यह गन्ध इतिहास के
साँसों से आती रहेगी
कि ख़ून की यह गन्ध
हमारे ज़ख़्म की वारिस है

यह ज़ख़्म इतिहास के
सीने पर खुद जाएगा
और ख़ून के इस अमल पर
इतिहास शर्मिन्दा रहेगा

यह ख़ून जो इनसान के
हाथों से बहते जा रहे
यह ज़ख़्म जो इनसान के
हाथों पर लगते जा रहे

यह वही प्यारे हाथ हैं
जो फूलों को उगा सकते हैं
यह वही आशिक हाथ हैं
जो हुस्न पर रीझ सकते हैं

यह वही हुनरी हाथ हैं
जो साज़ों को छेड़ सकते हैं
यह वही कर्मी हाथ हैं
जो सपने जोड़ सकते हैं

यह हाथ पानी, पवन और
अग्नि को बाँध सकते हैं

सूरज दा चुल्हा बाल के
हाँडी नूँ रिन्ह सकदे ने

इह हत्थ जो धरती दीआं
जुलफ़ां सँवार सकदे ने
इह ओही सोहणे हत्थ
जो दुनीआं उसार सकदे ने

फुल्लां ते जुलफ़ां दी कसम
हत्थां ते ज़ख़म लाओ ना
इह कारवन्दे हत्थ ने
कातिल बणाओ ना

अज हत्थ देवो साथीओ
कि हत्थां दी राखी वासते
उह हत्थ जो जाबर बणे
अज मोड़ दित्ते जाणगे
उह हत्थ जो कातिल बणे
अज तोड़ दित्ते जाणगे

सूरज का चूल्हा जलाकर
हाँडी को राँध सकते हैं

यह हाथ जो धरती की
जुलफें सँवार सकते हैं
यह वही प्यारे हाथ हैं
जो दुनिया उसार सकते हैं

फूलों और जुलफों की क़सम
हाथों पर ज़ख़म न लगाओ
यह कारामद हाथ हैं
इन्हें कातिल न बनाओ

आज हाथ दो ओ साथियो
कि हाथों की हिफ़ाज़त के लिए
वह हाथ जो जाबिर बने
आज मोड़ दिये जाएँगे
वह हाथ जो कातिल बने
आज तोड़ दिये जाएँगे

27 मई, 1964

इह किसतरां दी रात सी!
इह किसतरां दी बात है!
नींदर सी अज केहो जही
सुपने दा मत्था ठणकिआ

चरखा जु भज्जा चन्न दा
पच्छी 'चों तारे ढह पए
धरदी दे कम्बदे हत्थ 'चों
पूणी नू किसने खोह लिआ!

इतिहास ने हऊका लिआ
समयां ने त्तकिआ सहम के
पूरब दी काली अक्ख विच
सूरज दा अथरु लिशकिआ

इक मन मेरे दा महल सी
पै गई अचानक भऊजली
इह गीत है केहो जिहा!
जु संघ दे विच अटकिआ

27 मई, 1964

यह किस तरह की रात थी!
यह किस तरह की बात है!
आज नींद कैसी थी
कि सपने का माथा ठनक उठा

चाँद का चर्ख़ा टूट गया
टोकरी से तारे गिर पड़े
धरती के काँपते हाथ से
प्यूनी को किसने छीन लिया!

इतिहास ने गहरी साँस ली
वक़्त ने सहमकर देखा
पूरब की काली आँख में
सूरज का आँसू चमक उठा

मन का एक महल था
अचानक हलचल मच गई
यह आज का गीत कैसा है!
मेरे गले में अटक गया

अंबर दी चादर पाड़ के
कफ़न कोई देंदा पिआ,
इह लाश किहड़े फुल्ल दी
अज़ बाग़ सारा रो पिआ

आसमान की चादर फाड़कर
कोई कफ़न सी रहा है
यह किस फूल की लाश है
आज सारा बाग़ रो दिया

चानण दी सूई

(27 मई, 1964)

सारी किसमत उधड़ी होई
देस मेरे दा कज्जण पाटा
मन्गदा इक चानण दी सूई

वकत महाँ सागर सी कोई
घोर हनेरा रिड़क रिड़क के
आखर चौदा रतनां वांगूँ
लब्भ लई चानण दी सूई

हर संगराम जिवें इक धागा
हर सुपना धागे नूँ रंगे
जिन्दड़ी दा मैं पीहड़ा डाहिआ
किसमत दी फुलकारी छोही

पहिला फुल्ल सुतंतरता दां
फुल्ल दूसरा लोकराज दां
सत्त डंडीआं सत्तर वेलां
तीजा फुल्ल खुशहाली वाला

माण मत्तीआं रंग रत्तीआं
कम्म जिवें सन कई पत्तीआं

रोशनी की सूई

(27 मई, 1964)

सारी क़िस्मत उधड़ी हुई
मेरे देश की ओढ़नी फटी हुई
रोशनी की एक सूई माँगती थी

वक़्त एक महासागर था
घोर अन्धकार का मन्थन किया
और आख़िर चौदह रत्नों की तरह
रोशनी की सूई ढूँढ़ निकाली

हर संग्राम जैसे एक धागा था
हर सपना धागे को रंग देता
मैं जीवन का पीढ़ा डालकर
क़िस्मत की फुलकारी काढ़ने लगी

पहला फूल स्वतंत्रता का
दूसरा फूल लोकराज का
सात टहनियाँ, और सत्तर बेलें
तीसरा फूल ख़ुशहाली का

मान की माती, रंग में डूबीं
योजनाएँ जैसे कई पत्तियाँ

हुणे हुणे मैं इस फुलकारी
चिट्टा फुल्ल अमन दा छोहिआ
हाए मैं मर गई
इह की होइआ

हत्थ फुलकारी पकड़ी होई
धागा पाण लगी सां कोई
कम्ब गया पीहड़ी दा पावा
टुट्ट गई चानण दी सूई

अभी-अभी मैं इस फुलकारी में
अमन का चिट्टा फूल काढ़ने लगी थी
हाय, मैं मर गई!
यह क्या हुआ—

हाथ में फुलकारी पकड़ी रह गई
मैं धागा डालने ही लगी थी
पीढ़े का पाया काँप गया
और रोशनी की सूई टूट गई

इक गीत

(15 अगस्त, 1965)

इक बेड़ीआं दा गीत सी
हत्थकड़ीआँ दा गीत सी
सरगम सी साडे इश्क दी
'जेल' पंचम स्वर सी
ते सतवाँ स्वर 'सूली' सी
होठ तड़प उट्ठे सन
बहुत-बहुत मुशकिल सी
पर असां गीत गाया सी

इक बेड़ीआँ दा गीत सी
हत्थकड़ीआँ दा गीत सी
ते उह वी वक्त सी
आवाज़ नज़रबन्द सी
इह हुकमां दे हुकम मोड़दा
पैरां दा लोहिआ तोड़दा
तै गौण सुनण वालिआं दे
मूँह ते लाली धूड़दा
सारे देस विच विचरदा रिहा
गलीआं दे विच फिरदा रिहा
ते गरम सुच्चा लहू बण के
रगां विच तुरदा रिहा

एक गीत

(15 अगस्त, 1965)

एक बेड़ियों का गीत था
हथकड़ियों का गीत था
हमारे इश्क़ की सरगम थी
'जेल' पंचम स्वर था
और सातवाँ स्वर सूली था
होंठ तड़प उठे थे
बहुत-बहुत मुश्किल था
पर हमने गीत गाया था

एक बेड़ियों का गीत था
हथकड़ियों का गीत था
और वह भी वक़्त था
आवाज़ नज़रबन्द थी
यह सभी फ़रमान टालता
पैरों का लोहा काटता
और सुननेवालों के
चेहरों पर सुर्ख़ी छिड़कता
सारे देश में घूमता रहा
गलियों में फिरता रहा
और गर्म सुच्चा लहू बनकर
रगों में चलता रहा

रहमत है ओसे गीत दी
नेहमत है ओसे गीत दी
कि बेड़ीआं दा गीत अज
पैरां दा गीत है
पैरां दी मंज़िल दा गीत है
ते कड़ीआं दा गीत अज
हत्थां दा गीत है
हत्थां दी मिहनत दा गीत है

सरगम है साडे इश्क दी
मिहनतकशां दे इश्क दी
हुक्म पंचम स्वर है
ते सतवां स्वर सुतंतरता

हक्क लैणा—हक्क देणा
ते सुतंतरता ना खोहणी ना खुहाणी
इक्को राग दी : रोही-अवरोही
बहुत—बहुत मुश्किल है
पर असाँ गीत गाणा है
भरी महफिल वालिओ
इह गीत बहुत सुच्चा है
अज साज़ अपणे कोल ने
आवाज़ अपणे कोल है
पर गीत दी किसमत दा सवाल है
राग दी अज़मत दा सवाल है

याद रखणा एस विच्च
इक स्वर वरजित वी हुन्दा ए।

रहमत है उसी गीत की
नेहमत है उसी गीत की
कि बेड़ियों का गीत
आज पैरों का गीत है
पैरों की मंज़िल का गीत है
हथकड़ियों का गीत
आज हाथों का गीत है
हाथों की मेहनत का गीत है

हमारे इश्क़ की सरगम है
मेहनतकशों के इश्क़ की
'हक़' पंचम स्वर है
और सातवाँ स्वर 'स्वतंत्रता'

हक़ लेना और हक़ देना
स्वतंत्रता न छीननी, न छिनवानी
एक ही राग की : आरोही-अवरोही
बहुत-बहुत मुश्किल है
पर हमको गीत गाना है
भरी महफ़िलवालो!
यह गीत बहुत सच्चा है
अब साज़ अपने पास हैं
आवाज़ अपने पास है
पर गीत की क़िस्मत का सवाल है
राग की अज़मत का सवाल है

याद रखना इसमें
एक स्वर वर्जित भी होता है।

शतरंज

(सितम्बर, 1965)

तेरे कोल नफ़रत दी सिगरट
मेरे कोल सिगरट दा लाईटर
आ तेरी सिगरेट जला दिआं
इक बड़ा डून्धा साह भरीं
ते फेर इसदा ख़ुमार वेखीं
रूह लरज़ जाएगी
पैर झम उट्ठेगा
ते सारी दुनीआं
नाचीज़ नज़र आएगी

तेरे वड्डे वडेरे
पग्गां वटांदे सन
हुक्के वटांदे सन
छापां वटांदे सन
मेरे वड्डे वडेरे
घाह दीआं पलीआं वटांदे सन
लहू दीआं चुलीआं वटांदे सन

असी होठां दे झूठ बदलांगे
होठ मेरे झूठ तेरे
होठ तेरे झूठ मेरे

शतरंज
(सितम्बर, 1965)

तेरे पास नफ़रत की सिगरेट
मेरे पास सिगरेट का लाइटर
आओ, तुम्हारी सिगरेट जला दूँ
एक बहुत गहरी साँस लेना
और फिर इसका खुमार देखना
रूह लरज़ जाएगी
पैर झूम उठेगा
और सारी दुनिया
नाचीज़ नज़र आएगी

तेरे बुज़ुर्ग
पगड़ी बदलते थे
हुक्का बदलते थे
अँगूठी बदलते थे
मेरे बुज़ुर्ग
घास की गाँठ बदलते थे
लहू का चुल्लू बदलते थे
यह सभी दोस्ती के चिह्न थे

हम होंठों के झूठ बदलेंगे
होंठ मेरे, झूठ तेरे
होंठ तेरे, झूठ मेरे

इह दोस्ती दी नवीं रसम है
ते नवीं रसम नू
वेखण दानवां नुकता है
इश्कीआं ग़ज़लां पुराणी बात है
इह नफ़रत दी ग़ज़ल दा
इक बड़ा नवां मकता है

पुराणे दोसतां दा फ़िकर काहदा
विदा कर ख़ुदा हाफ़िज़ आख के
सिरफ़ हथिआर रख लै
पुराणे दोस्त दी
पुराणे वक्त दी
इक प्यारी निशानी समझ के

ते एस खुशी विच्च
हमसाइआं नू बुला
जंग दी चौपट विछा
हत्थ तेरे
टैंक गोलीआं—नरदां बिगानीआं
ते चाल मेरी

अजीब खेड है शतरंज दी
मेरे दोस्त!
इह खेडदा नवीन करण है

यह दोस्ती की नई रस्म है
और नई रस्म को
देखने का नया नुक्ता है
इश्क़िया ग़ज़ल पुरानी बात है
यह नफ़रत की ग़ज़ल का
एक नया मकता है

पुराने दोस्तों का ग़म कैसा
विदा कर दे खुदा हाफ़िज़ कहकर
सिर्फ़ हथियार रख ले
पुराने दोस्त की
पुराने वक़्त की
एक प्यारी निशानी समझकर

और इस ख़ुशी में
हमसाये को आवाज़ दे
जंग की शतरंज खेल
हाथ तेरे
टैंक तोपें-मोहरे बेगाने
और चाल मेरी

अजीब खेल है शतरंज का
मेरे दोस्त!
यह खेल का नवीनीकरण है

दोस्तो!

(17 सितम्बर, 1965)

रात दा उलांभा
कि दिहुँ जाण लग्गा सी
मेरी दहलीज़ टप्प के
मुठ तारे चुरा के लै गया

दिहुँदा शिकवा
कि रात जाण लग्गी सी
मेरी दहलीज़ टप्प के
मुठ किरनां चुरा के लै गई

होठ चांदी दे कौल सन
मिसरी दा टोटा घोल के
फेर रात मुसकराई
दिहुँ गुड़किआ
तारा कोई घटिआ नहीं
किरनां दा कुछ नहीं बिगड़िआ

भेडां दी चोरी
चरवाहिआं दी चोरी
बंदूकां दी चोरी
सिपाहीआं दी चोरी

दोस्तो!

(17 सितम्बर, 1965)

रात का शिकवा
कि दिन जाने को था
मेरी दहलीज़ पार करके
मुट्ठी-भर सितारे चुराकर ले गया

दिन का शिकवा
कि रात जाने को थी
मेरी दहलीज़ पार करके
मुट्ठी-भर किरणें चुराकर ले गई

होंठ चाँदी के कटोरे थे
मिसरी का एक टुकड़ा घोल कर
फिर रात मुसकराई
और दिन हँस दिया
सितारा कोई कम नहीं
किरणें पूरी-की-पूरी थीं

भेड़ों की चोरी
चरवाहों की चोरी
बन्दूकों की चोरी
सिपाहियों की चोरी

इह कहीआं चोरीआं ने दोस्तो!
इलज़ाम ने केहो जहे!
ते राजनीती दे हत्थ विच्च
इह जाम ने केहो जहे!

जो वेहड़ा सजाए जग्ग दा
उस हुसन दी चोरी करो
जो काइदा सिखाये अदब दा
उस इश्क दी चोरी करो

जो रसम चलाए जीऊण दी
उस इलम दी चोरी करो
जो किसमत लिखे इनसान दी
उस कलम दी चोरी करो

दिल दी दहलीज़ टप्प के
बाहवां दा बूहा खोहल के
इह दौलत चुराओ
होठ चांदी दे कौल ने
मिसरी दा टोटा घोल के
कोई ऊज लाओ

इह दौलतां ने सारीआं
जे चोरी करो,
तां चोरीआं मुबारक
जे ऊजां लगाओ
तां ऊजां वी प्यारीआँ

यह कैसी चोरियाँ हैं दोस्तो
यह इलज़ाम कैसे हैं!
और राजनीति के हाथ में
यह जाम कैसे हैं!

जो दुनिया का आँगन सजाए
उस हुस्न की चोरी करो
जो अदब के क़ायदे सिखाए
उस इश्क़ की चोरी करो

जो जीने की रस्म चलाए
उस इल्म की चोरी करो
जो इनसान की क़िस्मत लिखे
उस क़लम की चोरी करो

दिल की दहलीज़ पार कर
बाँहों के किवाड़ खोलकर
यह दौलत चुराओ
होंठ चाँदी के कटोरे हैं
मिसरी का टुकड़ा घोलकर
कोई तोहमत लगाओ!

ये सभी दौलतें हैं
अगर चोरी करो
तो सब चोरियाँ मुबारक!
अगर तोहमत लगाओ
तो सब तोहमतें प्यारी हैं।

इक ख़त

चन्न सूरज दो दवातां
कलम ने डोबा लिआ
लिख़तम तमाम धरती
पढ़तम तमाम लोक

हुकमरानों दोस्तो
गोलीआं, बंदूकां ते ऐटम
चलाण तों पहिलां
इह ख़त पढ़ लवो

साइंसदानों दोस्तो
गोलीआं, बंदूकां ते ऐटम
बनाण तों पहिलां
इह ख़त पढ़ लवो

सितारिआं दे हरफ़
ते किरनां दी बोली
जो पढ़नी नहीं अऊँदी
किसे आशक-अदीब तों पढ़वा लवो
अपनी किसे महबूब तों पढ़वा लवो
ते हर इक मां दी इह मात बोली है
घड़ी कु बैठ जावो किसे वी थां'ते
ते ख़त पढ़वा लवो किसे वी मां तों

एक ख़त

चाँद सूरज दो दवातें
क़लम ने डोबा लिया
लिख़तम् तमाम धरती
पढ़तम् तमाम लोग

हुकमरानों दोस्तो
गोलियाँ, बन्दूकें और एटम
चलाने से पहले
इस ख़त को पढ़ लेना

साइंसदानों, दोस्तो
गोलियाँ, बन्दूकें और एटम
बनाने से पहले
इस ख़त को पढ़ लेना

सितारों के हरफ़
और किरनों की बोली
जो पढ़नी नहीं आती
किसी आशिक-अदीब से पढ़वा लेना
अपनी किसी महबूब से पढ़वा लेना
और हर एक माँ की यह 'मात-बोली' है
तुम बैठ जाना किसी भी ठाँव
और ख़त पढ़वा लेना किसी भी माँ से

ते फेर आवो मिलो
कि मुलकां दी हद्द जित्थे है
इक हद्द मुलक दी
ते मैच के वेखो
इक हद्द इलम दी
इक हद्द इशक दी
ते फेर दस्सो कि किस दी हद्द कित्थे है!

चन्न सूरज दो दवातां
अज इक डोबा लवो
ते एस ख़त दी पहुँच देवो
ते दुनीआं दी सुख सांद दे
दो अक्खर वी पा दिओ

तुहाडी—आपनी धरती
तुहाडा ख़त उडीकदी
बड़ा फिकर करदी पई।

फिर आना और मिलना
कि मुल्क की हद जहाँ है
एक हद मुल्क की
और नाप कर देखो
एक हद इलम की
एक हद इश्क़ की
और फिर बताना कि किसकी हद कहाँ है

चाँद सूरज दो दवातें
हाथ में एक क़लम लो
इस ख़त का जवाब दो
और दुनिया की सुख-सार के
दो हरफ़ भी डाल दो

तुम्हारी—अपनी धरती
तुम्हारे ख़त की राह देख़ती
बहुत फ़िकर कर रही